회사와 직원 모두를 살리는 리더의 무기

회사를
구하는
인사

회사와 직원 모두를 살리는 리더의 무기

회사를 구하는 인사

초판 1쇄 인쇄 2021년 3월 8일
초판 1쇄 발행 2021년 3월 15일

지은이 장내석
펴낸이 최익성
편집 이현경
마케팅 송준기,임동건, 임주성, 홍국주, 강송희
마케팅 지원 황예지, 신원기, 박주현,이혜연, 김미나, 이현아, 안보라
경영지원 이순미, 신현아, 임정혁
펴낸곳 플랜비디자인
디자인 지선디자인

출판등록 제2016-000001호
주소 경기도 화성시 동탄반석로 277
전화 031-8050-0508
팩스 02-2179-8994
이메일 planbdesigncompany@gmail.com
ISBN 979-11-89580-80-3 03320

회사와 직원 모두를 살리는 리더의 무기

회사를 구하는 인사

장내석 지음

PlanB
DESIGN 플랜비디자인

『회사를 구하는 인사』를 내면서

저는 인사쟁이입니다. 인사팀 직원으로, 공인노무사로서, 때로는 HR컨설턴트로서 인사와 노무업무를 계속해서 수행하고 있으니 이렇게 자칭합니다. 여러 회사들을 직간접적으로 경험하며 느낀 점은 회사에서 가장 중요한 리더들(팀장 이상의 직책자들)이 인사관리에 생각보다 관심이 적다는 겁니다. 인사관리는 의례 인사팀 일이라고 생각하지만 어떻게 많게는 수천 명에 이르는 직원들을 인사팀에서 다 밀착관리할 수 있나요? 결국 인사관리는 팀장님, 본부장님들이 소속 부서원들과 수시로 면담하고 고충상담하면서 말하기보다 그들의 얘기를 들어주는 데서부터 시작해야 합니다.

그리고 기본적인 노동법, HR지식을 갖추고 있어야 제대로 된 인사관리가 가능하니까 공부하셔야 합니다. 본업이 아니라고요?

부서원을 관리하는 부서장에게는 인사관리, 성과관리가 매우 중요한 본업 맞습니다.

또 한 가지 제가 느낀 점은 우리나라 직장문화가 계속해서 세련되게 바뀌어 가고는 있지만 아직 좀 더 다듬어져야 한다는 겁니다. "인맥문화"와 "장유유서문화", "학벌주의" 그리고 "남성우월주의"가 아직 우리에게 체화되어 있어 직장 내에서도 자연스럽게 발현되고 있습니다. "남성우월주의"가 사라져야 할 문화라는 데에는 이견이 없겠지만, 나머지 문화들에 대해선 성과와 능력 중심의 일터라 하더라도 가치 판단 기준에 있어 꼭 필요한 요소들 아니냐고 반문할 사람이 있을 것입니다.

저는 과감히 이러한 문화들이 직장 내에서는 사라져야 한다고 말하고 싶습니다. 그래야만 "너와 내가 친하니까", "오래 다니셨고 나이가 많으니까" 또는 반대로 "젊고 앞날이 창창하니까", "명문대학을 나왔으니까"와 같은 잘못된 잣대들이 직원의 업무능력과 의지 그리고 노력의 결과물에 덧칠을 해 제대로 된 판단을 흐리게 하는 걸 막을 수 있기 때문입니다.

일을 하기 위해 모인 직장에서 친분과 연령, 학벌, 성별 같은 요소들이 중심이 되어 직장인들이 일보다도 이런 것들에 집착하게 만드는 풍토가 사라지길 간절히 바랍니다.

이 책을 읽은 분들이 원칙을 준수하고 세련된 조직문화를 세워가는 데 미력하나마 도움이 되기를 간절히 바랍니다.

이 책이 나오기까지 많은 분들의 도움이 있어 짧게나마 감사의 말을 전합니다.

저에게 공인노무사 시험에 도전할 것을 권해준 은상이형과 스포츠서울 식구들, 세상에서 제일 착한 김익동과 국민일보 식구들, 영원한 동기 송윤정 노무사님과 우리노무법인 식구들, 부족한 저를 대기업 일원으로 받아주신 장창섭 상무님과 한화식구들, 치열하게 논쟁하며 많은 것을 배우게 해주신 이항주 위원장님과 노조식구들, 그리고 정글의 세계에서 저를 받아주신 HR개척자 김

복수 대표님과 이 책에 대해 함께 고민해주신 매력 넘치는 정호영 부대표님을 비롯한 예담식구들과 이 책이 세상에 나올 수 있도록 도와주신 플랜비디자인 송준기 편집장님과 이현경 작가님... 마지막으로 사랑하는 유경, 지훈, 지민과 가족들에게 진심으로 감사드립니다.

목차

청년 사업가 장승준 대표, 사업의 시작

나는 청년창업가다. 시작은 정말 미약했다.

무료하고 보람 없는 직장생활을 마치고 당당히 꿈을 찾아 첫발을 내디딘 순간, 나룻배가 싫다며 구명조끼 하나 없이 맨몸으로 바다에 뛰어든 느낌을 받았다. '어쩌지? 어쩌지? 나 이러다 백수로 늙어 죽는 건 아닐까? 결혼은 할 수 있을까?' 이런 잡념에 빠져있을 때쯤 나에게 기막힌 아이템을 가져다 줄 은인이 찾아왔다.

그것은 다름 아닌 우리 누나! 100일된 조카를 키우던 누나가 엄마의 도움을 받기 위해 친정인 우리 집에 찾아왔고 그간의 고충을 털어놓았다.

"엄마, 나 힘들어 죽겠어~ 정말 애가 한 시도 안 떨어져, 어제는 애기 안고 화장실 볼 일까지 봤어. 밥 먹는 것도 전쟁이야. 내려놓기만 하면 울어서 앨 안고 먹는데 얼굴에 국물이 떨어질 거 같은 거야. 할 수 없이 서서 먹었잖아."

　엄마의 위대함을 느끼면서 자연스레 엄마의 휴식을 위한 육아 아이템을 떠올렸다. 그게 바로 '엄마품 쿠션'이다. 시중에 나와 있는 수유쿠션과는 다르게 엄마의 체취와 체온, 목소리 등을 장착해서 아기가 엄마 품처럼 느끼게 만든 것이다. 바닥에 내려놓기 무섭게 울어재끼는 '등 센서'를 장착한 조카가 첫 고객이었다. 만만찮은 고객이었지만 보완을 거듭한 끝에 결국 조카는 '엄마품 쿠션'에서 새근새근 잠을 잤다. 누나는 나를 은인이라고 불렀다. 남편이고 뭐고 다 필요 없고 엄마품 쿠션이 구세주라고 했다. 누나와 조카를 보면서 엄마품 쿠션의 상품성을 확인했다. 누나 역시 대박 상품이라며 나를 더욱 부추겼다. 되든 안 든 사업을 시작해보기로 했다.

'안되면 되게 하라', '죽기 아니면 까무러치기', '필사즉생(必死則生)' 등 각오를 다지는 말들을 책상 위에 붙이고 정부의 청년창업지원금 신청에 도전했다. PPT 디자인 실력이 부족해 광고회사에서 AE(Account Executive 광고제작자)로 일하는 친구의 도움을 받아 심사위원들 앞에서 약 10분가량의 PPT 발표와 질의응답을 진행했다. 결과는 "합격". 긴장돼서 말도 버벅거리고 땀만 뻘뻘 흘리다 나온 줄 알았는데 상품에 대한 호감도가 높았는지 다행히 좋은 결과를 얻을 수 있었다. 이후 전문가들의 컨설팅 과정과 사무실 임대 등을 거쳐 마음 맞는 지인들과 함께 사업의 첫발을 뗄 수 있었다.

그 후 6년이 지났다.

주식회사 마미홈은 "엄마품 쿠션"의 인기와 신제품의 연이은 대박 행진 덕분에 창업초기의 불안함은 사라졌다. 이제 회사도 조금씩 수익을 창출하고 있다. 소규모 사업장을 넘어서 직원 수 63명에 이르는 꽤 탄탄한 규모의 회사가 되었다. 누군가에게 배부른 소리 같지만 나는 한 고비를 넘겼을 뿐이라고 생각했다. 진짜 넘어야 할 중요한 고비는 바로 '사람관리'다. '가지 많은 나무에 바람 잘 날 없다'

던 옛말은 정확했다. 사업의 규모가 커질수록 제일 어려운 게 사람 관리라는 것을 깨닫는다. 믿을 만해서 뽑았고 개인적으로 만나면 더없이 좋은 사람들인데 갈등과 대립이 끊이질 않는다.

'내가 좀 더 잘하면 될까?', '어떻게 하는 게 잘하는 걸까?'

〈대표이사 장 승 준〉이라는 명판을 책상 위에 자랑스럽게 올려놓은 순간부터 목표한 것이 있었다. 직원들 입에서 '아침에 눈 떴을 때 출근이 설레는 회사'라는 말을 듣고 싶었다. 사람과 사람이 만나서 함께 성장하고 행복해지는 회사를 만드는 것이 목표지만 그 어떤 목표보다 이루기 힘들다는 것을 뼈저리게 느끼는 요즈음이다.

탈 없이 법정수당 지급하는 법

01

제가

임금을

체불했다고요?

- 불길한 서류봉투 '출석요구서'-

이제 회사는 '조금씩 수익을 창출해 가고 있는' 수준이다. 지난 6년간 쌓인 적자를 메우려면 절약을 더해야 하는 상황이라서 장승준 대표는 가능하면 대중교통을 이용해 출퇴근을 하고 있다. 다른 때는 그럭저럭 다닐 만한데 푹푹 찌는 여름이 문제다. 안 그래도 몸에 열이 많은 장승준 대표는 온몸이 땀으로 젖었고, 끈적끈적한 불쾌감에 절로 인상이 찡그려졌다. 사무실에 들어서는 순간 반갑게 맞아주는 에어컨 바람에 상쾌함을 느낀 것도 잠시. 장승준 대표는 자신의 책상 위에 놓인 서류봉투를 발견했다. 왠지 느낌이 싸~아했다.

'뭐지? 사업대출 관련 문서인가? 아니면 저번에 사업제안서 넣은 곳에서 회신이 왔나? 아니지 그런 건 보통 이메일로 답변이 올텐데...' 궁금함에 얼른 발신자를 보니 '고용노동부'라는 문구가 적혀 있었다.

"이 과장님~ 이거 언제 온 거예요?"

"네, 오늘 아침에 택배로 도착했습니다. 노동부에서 온 걸로 봐서는 중요한 문서 같습니다."

이런 종류의 서류는 왠지 모르게 불안하다. 아니나 다를까 '출석요구서'였다.

출석요구서

귀하에 대한 금품체불 진정사건(진정인 최정수)에 관하여 문의할 일이 있으니 고용노동부 ○○지청 근로개선지도과로 출석하여 주시기 바랍니다.

발신인 특별사법경찰관 / 근로감독관 ○○○

장승준 대표는 처음부터 끝까지 다시 읽었다. 분명히 '금.품.체.불'이라고 적혀있었다. 금품체불은 임금을 체불했다는 말인데... 황당함을 넘어서 불쾌했다. 회사를 세우면서 절대로 어기지 않는 철칙이 있다. 무슨 일이 있어도, 아무리 어려워도 직원들 월급은 절대로 밀리지 말자! 아버지가 항상 하시던 말씀이 있었다. '배부른 돼지보다 배고픈 소크라테스가 되자!' 그 말씀은 이기적이고 어리석은 부자가 되느니 가난해도 현명하고 베풀 줄 아는 사람이 되라는 뜻이었다. 그래서 창업을 할 때 창업동기들과도 거듭 약속을 했었다.

"우리 적자가 나더라도 직원들 월급만큼은 밀리지 말자!"

진정인 '최정수' 그는 지난달에 퇴사한 영업팀 과장이었다. 3년 전에 경력으로 입사했는데 오랜 꿈이었던 귀농을 하겠다며 영업팀장을 비롯한 상사들의 만류에도 사직서를 제출했다. 장승준 대표 역시 그의 사직서를 받았을 때 너무 아쉬웠다. 영업사원으로서 거래처와 관계도 좋았고 유아용품에 대한 전문지식도 뛰어났다. 퇴직 면담 때 다시 그를 설득을 했다.

　"최정수 과장님 조금 더 생각 해 보세요. 영업팀을 이끄는 능력이 너무 아까워서 그래요. 귀농은 은퇴 후에도 얼마든지 할 수 있잖아요. 그 꿈을 조금만 더 미루실 수 없을까요?"

　최정수 과장의 뜻은 단호했다. 그러면서 한 가지 부탁을 했다.

　"제가 귀농에 대한 계획은 다 짜놓았는데요... 고향에 내려가서 터를 잡으려면 아무래도 시간이 필요해서요. 실업급여 받을 수 있게 권고사직으로 처리 좀 부탁드립니다."

　장승준 대표는 스스로를 원칙주의자라고 생각한다. 법적으로 실업급여는 본인의 귀책사유로 그만둔 경우에는 지급되지 않는다. 자기 스스로 퇴사하는 사람은 실업급여를 받을 수 없다. 편법으로 최정수 과장을 돕고 싶지 않았다.

　"최정수 과장님, 미안하지만 그건 좀 곤란하겠어요."

　"제가 지금까지 회사에 기여한 게 얼마인데 그 정도는 해주실 수 있잖아요. 부탁 드립니다."

　"생각은 해보겠지만..."

"꼭 부탁드립니다. 안 그러면 저도 법대로 할 수 밖에 없습니다."

'법대로 한다?'라는 그의 말이 묘하게 거슬렸지만 장승준 대표는 더 이상 대꾸를 하지 않았다. 그때 말한 '법대로'가 바로 이 '출석요구서'인 것이다. 실업급여에 대한 복수인가? 일단 확인이 먼저다. 정말로 임금을 제대로 안 주고 있었는지, 어떤 사실을 근거로 '임금 체불'이라는 말을 쓸 수 있는지...

- 법대로, 원칙대로 -

"대표님, 감독관이 그러는데 연장근로수당하고 연차휴가미사용수당 그리고 퇴직금을 일부 미지급 했답니다. 자세한 건 출석하셔서 얘기하자고 하네요."

경영지원팀 한근녹 팀장이 근로감독관에게 직접 확인한 내용을 보고했다. 장승준 대표는 한근녹 팀장의 말을 들으며 메모까지 했다.

"먼저 연장근로수당. 그건 야근했을 때 주는 거 맞죠? 우리가 언제 그런 걸 놓친 적이 있나요?"

"놓친 적 없습니다. 매월 야근한 시간 체크해서 시간당 1만 원씩 계산해서 주고 있습니다."

"그럼 문제가 없는 거죠?"

"네, 정확히 시간 계산해서 주고 있으니까 별 문제 없을 겁니다."

장승준 대표는 메모에 적힌 연장근로수당에 줄을 그어 지웠다. 그 다음은 연차휴가미사용수당. 이것만큼은 장승준 대표도 할 말이 많았다.

"연차휴가미사용수당은 연차수당 말하는 거잖아요. 우리는 연차를 법적 기준보다도 더 주고 있는데. 원래 법에 보면 입사하고 1년 되면 15일 주는 건데 우린 20일 주고 있으니까요. 신입사원들 한 달 근무하면 1일씩 주는 건 별도로 주고 있고요. 제 말이 맞죠?"

"네, 법 기준보다 휴가일수도 더 많이 주고 있고, 법에 따라 사용촉진도 하고 있으니 문제없습니다."

"그렇죠? 우리 법 위반한 거 없죠? 이 부분은 뭔가 착오가 있는 거 같네요..."

이제 장승준 대표의 메모에 남은 건 퇴직금 하나뿐이었다.

"퇴직금도 지난달에 지급했죠?"

필수 노무 개념 바로 알기

- **연장근로수당** 정해진 근무 시간을 초과하여 일한 사람에게 지급하는 수당(통상임금 50% 이상).
- **연차휴가미사용수당(연차수당)** 근로자가 연차유급휴가를 사용하지 아니하고 근로를 제공한 경우 그 미사용한 연차유급휴가에 대해 지급하는 수당(미사용휴가 1일당 1일분 임금).
- **퇴직금** 1년 이상 근속한 근로자가 퇴직하는 경우 지급하는 금품(통상 1년에 평균임금 30일분).

"네, 퇴직금도 퇴직 후 14일 안에 지급하면 되는데 최 과장이 6월 10일에 퇴직했고 17일에 지급했으니까 전혀 문제없죠."

장승준 대표는 속으로 가슴을 쓸어내렸다. 원칙대로 했는데 문제가 있을 리 없다. 노동부 입장에서야 최정수 과장이 문제를 제기했으니 일단 회사 측 사람들을 불러서 사실조사는 할 수 밖에 없었을 것이다.

– 경영지원팀장 한근녹 팀장 –

어느새 하루가 다 지나갔다. 벌써 퇴근 시간. 아끼던 직원의 고발, 임금 체불과 출석요구서. 여러모로 복잡한 하루였다. 장승준 대표는 문득 쓸쓸한 기분이 들어 한근녹 팀장을 불렀다.

"한 팀장님, 소주 한 잔 하실래요?"

한근녹 팀장은 40대 후반으로 장승준 대표보다 4살이 많다. 2년 전에 경력사원으로 입사했고 지방대를 나와 중소기업에서 총무, 회계, 인사, 교육 등 다양한 일을 해 온 멀티플레이어다. 다양한 직무를 수행할 수 있어서 큰 도움이 되지만 업무전문성이 필요한 인사, 회계 등에는 부족한 부분도 있다. 또 가끔은 팀원들의 부가세 신고누락, 4대 보험 취득 미신고 등 체계적인 업무관리가 안될 때도 있었다. 하지만 한근녹 팀장에겐 그런 약점을 가리고도 남을 엄청난 매력이 있다. 그것은 바로 친화력! 길가다 어깨를 부딪친 사람과 명함을 주고받을 정도이다.

한근녹 팀장이 입사한 지 채 3달이 안 되었을 때, 제품에 불만이 있는 고객이 고객센터를 거치지 않고 직접 본사로 항의방문을 온 적이 있었다. 온갖 금붙이로 치장을 한 30대 초반으로 보이는 젊은 고객이 엄마품 쿠션을 들고 와 환불을 요청하고 있었다.

"여기 올 나간 거 안보여요? 어서 환불해 주세요. 안 그럼 알죠? 인터넷에 확 불 질러 버릴 거예요."

"아... 네. 근데 제품 구입하신 지 일주일이나 지났고 구입 당시 하자로 보기도 어려워서요..."

"뭐라고요? 아니 이런 중저가 브랜드가 고객을 무시해도 되는 거예요?"

이 때 한근녹 팀장이 나섰다.

"아~ 사모님 안녕하세요. 마미홈 경영지원팀장입니다. 고객님 보니까 굉장히 럭셔리 하시고 말씀하시는 것도 교양 있으신데, 저와 잠깐 말씀 좀 나눠주실 수 있을까요?"

"네? 말씀해 보세요!"

"고객님 같은 분이 쿠션 하나 때문에 여기까지 오시느라 힘드셨겠습니다. 사실 돈이 문제가 아니라 기분이 언짢으신 거죠?"

"그러니까 택시비 들여서 여기까지 온 거잖아요."

"암요. 암요. 다 알죠. 아까 중저가 브랜드라고 하셨는데요. 안목 있는 고객님이 고를 정도로 점점 고급 브랜드가 되어 가고 있습니다. 고객님께 슬쩍 말씀드리는 건데요. 최상위 고객님들을 위한 리미티드 에

디션을 출시했습니다. 물론 고객님께만 특별히 할인된 가격으로 드리겠습니다."

"리미티드 에디션이요? 뭐. 정 그렇다면 일단 보기나 하죠."

한근녹 팀장의 기가 막힌 친화력과 순간의 기지로 악성기업으로 인터넷에 도배가 될 위기를 모면한 순간이었다. 그의 능수능란한 친화력과 대처 능력은 마미홈에 꼭 필요하다.

장승준 대표는 한근녹 팀장을 든든한 조력자로 여기고 있었다. 한근녹 팀장 역시 장승준 대표를 나이 어린 상사로만 보지 않았다. 그 동안 만나 본 몇 몇의 대표와 다르게 직원들을 대하는 마인드가 다르기 때문이다. 복잡한 하루를 보낸 장승준 대표가 한 잔 하자고 했을 때 한근녹 팀장은 1초도 망설이지 않았다.

"네 대표님, 저야 365일 24시간 콜이죠."

그 날 두 사람은 임금체불과 최정수 과장을 안주 삼아 밤늦도록 술잔을 기울였다. 기분 탓인지 유난히 소주 맛이 씁쓸했다. 집에 가는 길에 추적추적 내리는 비가 최정수 과장의 가시 돋친 마지막 말처럼 장승준 대표의 머리 위를 때렸다.

- 노동부에 간 장승준 대표 -

열흘 후 노동부 출석일이 되었다. 노동부 근로개선지도1과 앞에 선 장
승준 대표는 괜히 위축이 되었다. 사업하기 전 잠시 대관업무 담당을
하던 시절이 있었다. 건축 허가담당 공무원과 친분을 쌓지 못했다는 이
유로 팀장에게 '지지리도 센스 없는 놈', '평소에 뭘 하고 다닌 거냐?',
'머리는 멋으로 달고 다니냐'는 악담 3단 콤보를 맞고 바탕화면 '지빠귀'
폴더를 열었다. 고이 간직해 놓은 사직서 파일을 보면서 퇴직을 다짐했
던 그때가 떠올랐다. 일단 침착하게 출입문 옆에 붙어 있는 자리배치표
를 보고 담당 근로감독관의 자리를 확인했다. 다행히 인상이 따뜻하고
친절해 보이는 사람이 앉아 있었다.

"저... 마미홈 대표 장승준 입니다. 임금체불 건 때문에 찾아왔는데
요..."

"아, 네. 시간 맞춰 오셨네요. 앉으세요."

자리에 앉자마자 바로 조사가 시작되었다. 이름, 직책, 사업장 주소
등 사업과 관련된 사실관계를 확인한 뒤 본격적인 질문이 시작되었다.

"연장근로수당 미지급 건부터 보겠습니다. 근로시간 종료 후 근로에
대해 임금 및 가산금을 지급하셨나요?"

장승준 대표는 순간 당황했다. '가산금은 또 뭐란 말인가? 일한 만큼
임금을 주면 되는 거 아닌가? 우리 회사가 임금이 적은 편도 아니고 야
근하면 시간당 1만 원씩 챙겨줬는데, 그럼 최저임금보다도 높고 그럼

된 거 아닌가?' 머릿속이 복잡했지만 원칙을 어긴 적이 없으니까 당연히 줬을 거라고 생각했다.

"네, 야근하면 꼬박꼬박 챙겨줬습니다."

근로감독관의 다음 질문은 더 무서웠다.

"통상임금의 150% 지급하신 거 맞나요?"

장승준 대표는 순간 머리가 띵해졌다. 시간당 1만 원씩 지급한 게 통상임금의 150%가 될지 바로 계산이 안 나왔다. 대답도 자신이 없어졌다.

"아... 통상임금인지는 확실치 않지만, 시간당 1만 원씩 정확히 지급했습니다. 한 번도 안 빼고요."

"임금에 상관없이 시간당 1만 원씩 지급하셨단 말씀이죠?"

"네."

장승준 대표가 뭔가 불길하다고 느낀 순간 근로감독관이 곧바로 지적을 했다.

"연장근로를 하면 일한 시간만큼 임금 100%를 지급하고 연장근로수당 50%를 더해서 150%를 지급해야 합니다. 개인별로 임금이 다르므로 지급액이 같을 수는 없어요."

장승준 대표는 한근녹 팀장이 문제가 없다고 단언 했을 때가 떠올랐다. '한 번 더 체크 할 걸'이라는 때늦은 후회가 들었지만, 긴 생각을 할 틈이 없었다. 곧이어 근로감독관의 다음 질문이 이어졌다.

"진정인이 연차휴가미사용수당도 체불되었다고 하는데요? 법 기준에 따라 지급하셨나요?"

드디어 장승준 대표가 자신 있는 분야가 나왔다.

"연차휴가는 법 기준 보다 오히려 더 부여하고 있습니다."

"법 기준 보다 연차휴가를 더 지급하시더라도 사용하지 못한 연차휴가는 모두 수당으로 지급하셔야 합니다."

'휴가를 더 줘도 문제란 말인가!' 장승준 대표는 억울한 마음까지 들었다. 자신도 모르게 따지는 투로 반론을 했다.

"사용촉진해서 수당은 지급의무가 없는 거로 아는데요."

"휴가일에 출근한 직원 있죠? 그 직원들에게 노무수령거부 통지 하셨나요?"

분명 휴가 가라고 했고 출근하란 적도 없는데 자기 맘대로 출근한 직원을 노무수령거부 까지 해서 쫓아내야 한다는 얘기로 들렸다.

"분명 휴가일을 보장했고 일 시킨 적도 없어요. 뭐 본인 일이 있어서 나왔는지는 모르겠지만 그 전에 다 하고 갔어야 맞는 거 아닌가요?"

"휴가일에 출근하면 회사가 업무 지시한 것으로 간주하는 게 고용노동부 입장입니다. 그러니 명시적인 노무수령거부를 하셔야 휴가를 쓴 것으로 인정됩니다. 그리고 퇴직금은 연장근로수당과 연차휴가수당이 변동되면 그에 따라 당연히 변동되는 거고요."

이쯤 되니 더 따져봐야 근로기준법을 근거로 계속 공격당할 것만 같았다. 장승준 대표는 일단 일보 후퇴하기로 결정했다. 이후 근로감독관은 몇 가지를 더 질문한 후 조사서를 출력했다.

"도장 가져오셨죠?"

"아. 도장이 필요한지 몰라서 미처 준비를 못했는데요."

'지장 찍지 뭐 까짓것...' 하고 오른손 엄지를 감독관이 내민 인주에 손을 돌려가며 골고루 묻힌 후 사용자라고 쓰여 있는 부분 옆에 꾹 눌러 찍었다. 근데 감독관이 조사서 첫 장을 접는 게 아닌가? '한 번 찍는 게 아닌가?' 이후 10장이나 되는 조사서에 일일이 지장을 찍어야 했다. 인주로 시뻘게진 손가락을 보면서 괜히 더 분한 마음이 들었다.

필수 노무 개념 바로 알기

- 연장근로를 하는 경우 일한시간에 대한 임금 100%를 지급하고 연장근로수당 50%를 더해서 통상임금 150%를 지급해야 함. 개인별로 임금이 다르므로 지급액이 같을 수는 없음.
- 연차휴가미사용수당(연차수당)은 명시적인 노무수령거부를 해야 휴가를 쓴 것으로 인정
- 퇴직금은 평균임금을 기준으로 하므로 연장근로수당과 연차휴가수당이 변동되면 그에 따라 당연히 변동.

- 노동부는 법의 편이다 -

장승준 대표의 분했던 마음은 며칠 후 시원하게 해소가 되었다. 최정수 과장도 노동부 조사를 받았지만 본인 주장이 다 받아들여지지는 않았다고 했기 때문이다. 어디서 무슨 조언을 들었는지 모르겠지만, 최정수 과장은 과도한 기대를 하고 있었던 것 같았다. 인정되지 않은 사항을 정리해 보면 다음과 같다.

최정수의 주장 골프접대, 술 접대한 시간도 연장근로시간으로 인정해 달라.

노동부 판단 골프접대, 술접대는 회사의 지시에 의한 것이 아니고 자발적으로 영업실적을 올리기 위해 한 것이고 다른 영업사원 중에는 골프, 술 접대를 하지 않는 직원도 있으므로 **근로시간으로 볼 수 없다.**

최정수의 주장 연차휴가 외에 별도로 지급한 여름특별휴가도 모두 수당으로 보상해 달라.

노동부 판단 여름특별휴가는 취업규칙에 '연차휴가와 별도로 회사가 지급하는 약정휴가로서 1년간 미사용 시 소멸되고 수당으로 지급하지 않는다'라고 명시되어 있으므로 **수당지급대상이 아니다.**

최정수의 주장 영업 인센티브도 모두 퇴직금에 포함시켜 달라.

노동부 판단 영업 인센티브는 영업팀이 실적목표를 초과달성한 경우 초과분의 20%를 인센티브로 지급하는 성과급이므로 소정근로의 대가인 임금으로 볼 수 없어 **퇴직금에 포함되지 않는다.**

장승준 대표는 노동부의 해석에 고개를 끄덕였다. 임금체불 문제가 사라진 건 아니지만 노동부가 근로자의 요구만 다 들어주는 건 아니라는 걸 확인했다. 법에 따라 정당한 결론을 내린다는 믿음이 생기자 한결 마음이 편해졌다. 최정수 과장은 더 이상 노동부에서 자기 편을 들어주지 않자, 회사로 전화를 걸었다.

"장승준 대표님과 면담을 좀 하고 싶습니다."

장승준 대표도 최정수 과장의 속마음이 궁금하던 차에 잘 됐다 싶었다.

필수 노무 개념 바로 알기

• 접대시간이 근로시간으로 인정되려면?
근로시간은 사용자의 지휘·감독 하에 있는 시간이므로 사용자의 지시 또는 최소한 승인이 있는 경우에 한하여 근로시간으로 인정 가능함.

• 연차휴가 외에 지급한 약정휴가의 경우 수당을 지급해야 하나?
하계휴가, 포상휴가 등의 약정휴가는 휴가사용이 취지이므로 미사용 시 소멸되며, 별도로 규정에 명시한 경우에만 수당지급의무가 발생함.

• 영업 인센티브가 퇴직금으로 인정되나?
인센티브는 통상 성과급에 해당하므로 퇴직금에 포함되지 않지만, 성과에 연동되지 않는 고정 성과급의 경우 평균임금에 포함되어 퇴직금으로 인정될 수 있음.

– 회사에 온 최정수 과장 –

최정수 과장과 만나기 전에 한근녹 팀장과 미지급한 연장근로수당, 미사용연차수당, 퇴직금에 대해서는 계산을 끝내 놓았다. 총 452만 원. 다른 부분은 크지 않았지만 사용촉진이 인정되지 않아 지급하게 된 미사용연차수당이 체불임금의 70%나 되었다. 드디어 최정수 과장이 도착했다.

"아유~ 잘 지내셨습니까?"

최정수 과장의 넉살 좋은 목소리가 들렸다. 장승준 대표도 인사부터 했다.

"여전하시네요. 그동안 많이 바쁘셨죠?"

"바쁜 것보다 세상 일이 쉽지가 않네요."

장승준 대표가 먼저 본론을 꺼냈다.

"저는 납득이 안가는 부분이 있습니다. 체불임금이 452만 원이라고 하는데요. 왜 이렇게 되는 거죠?"

"어느 부분 말씀이시죠?"

"휴가일에 출근하면 회사가 업무 지시한 것으로 간주하는 게 고용노동부 입장이라고 합니다. 저희 회사는 아시다시피 연차 휴가를 장려합니다. 최정수 과장님 근태 기록을 보면 업무가 과하지 않은데요. 어떻게 생각하시나요?"

"글쎄요... 저는 항상 최선을 다해 일했고, 본부장님이 제게 제일 중요한 마트영업을 담당시키시다 보니 좀 바쁘긴 했죠."

"네. 그래서 휴가일에 언제 어떻게 일을 하셨는지 확인을 해봤습니다. 작년 10월에 휴가 내시고 출근 체크하러 회사 나오셨던데요. 기억하시죠? 그럼 곧장 낚시하러 간 것도 기억하시겠군요. 그 당시에도 이사실을 알고 있었지만 최정수 과장님을 믿고 별 말씀 안 드렸는데 이젠 설명을 좀 들어야겠습니다."

"네, 그 때 마트 MD인 제 친구하고 낚시를 가긴 했지만 그것도 영업의 일부 아닌가요?"

"방금 하신 말씀 중에요. 'MD인 친구'말입니다. MD로서 친구를 만났다면 3일 씩이나 휴가를 빼서 영업 활동을 하실 거 같지 않은데요. 친구 분께 그날 낚시가 업무였는지 휴가였는지 물어볼까요?"

최정수 과장은 당황한 기색으로 아무 말도 못하고 있었다. 장승준 대표는 차분히 말을 이었다.

"저희 회사도 노무수령거부 의사를 명시적으로 하지 않은 잘못이 있습니다. 최정수 과장님도 실수한 부분이 분명히 있고요. 원하시는 금액을 다 드리는 건 아닌 거 같습니다. 퇴직위로금 명목으로 최 과장님이 받고 계시던 한 달 월급 350만 원을 드리겠습니다. 더 이상 복잡해지는 일 없이 마무리 하시는 게 어떠세요?"

잠시 생각에 잠겼던 최정수 과장이 마지못해 장승준 대표의 제안을 수락했다.

"네, 그러시죠."

아마 최정수 과장도 낚시 간 사실이 감독관에게 알려지면 본인에게 불리하다고 생각한 모양이다. 이어서 장승준 대표는 정말 궁금했던 것을 물었다.

"저는 원칙대로 처리한 것뿐인데... 최정수 과장님을 권고사직 처리했다면 노동부 신고는 없었을까요?"

"에이~ 무슨 말씀을 그렇게 섭섭하게 하세요~ 저야 모든 걸 원칙대로 잘 지키고 싶었던 것뿐입니다. 그래야 앞으로 마미홈도 더 발전하고 직원들도 불만이 없을 테니까요."

장승준 대표는 순간 욱했지만 꾹 참았다. 괜한 말 한마디가 합의를 물거품으로 만들 수 있기 때문이었다.

"그럼 이번엔 제대로 잘 마무리하도록 하죠. 한근녹 팀장님하고 합의서 작성하시고요. 노동부에 취하서 제출해주세요. 수고하셨습니다."

"네, 대표님도 건강하시고 승승장구 하시기를 바랍니다."

일이 잘 마무리 됐지만 장승준 대표는 기분이 썩 나아지지 않았다. 믿음직스러웠던 최정수 과장의 독기 품은 모습에 가슴이 시큰거렸다. 최정수 과장은 어떤 마음으로 회사를 다녔을까? 아직 출근이 설레는 회사를 만드는 길은 먼 것만 같지만 이번 일로 확실히 깨달은 게 있다. 기준과 원칙을 준수하는 것만이 바라는 게 제각각인 직원들의 불만을 최소화 시킬 수 있다. 장승준 대표는 지금까지 회사를 이끌어 온 자신의 방식이 틀리지 않음을 확인했다.

장내석 노무사의 상담실

Q 장승준 대표처럼 출석요구서를 받으면 어떻게 해야 하나요?

A 먼저 근로감독관에게 전화를 걸어 진정내용에 대한 확인을 하고, 관련하여 회사의 입장을 증명할 수 있는 자료를 준비해야 합니다. 노동부 출석은 회사 대표가 하는 것이 원칙이나, 불가피한 경우 위임장을 작성하여 인사팀장 등 다른 직원이나 공인노무사 등 외부전문가가 대신할 수 있습니다.

Q 휴가 받은 직원에게 '노무수령의 거부 의사표시'를 꼭 해야 하는 건가요?

A 근로기준법 제61조에서는 연차사용촉진 절차의 요건을 크게 '① 연차사용계획의 촉구 ② 연차사용시기의 지정'의 2가지 요건으로 구분해 명시하고 있는데요. 숨겨진 3단계가 있습니다. 바로 노무수령 거부.

▶▶ 1.1~12.31 회계연도 기준으로 연차휴가를 부여하는 경우, 회사는 매년 7월 초 개별 직원들에게 연차휴가 일수를 공지하고, 연차사용계획을 회사에 통보하도록 서면 촉구해야 합니다. 법적 기준으로는 연차사용 기간이 끝나기 6개월 전이므로 회계연도로 연차제도를 운영한다면 사용 기간이 종료(12월)되는 시점의 6개월 전인 7월 초에 개별 직원에게 연차사용계획 제출하도록 촉구해야 하고요.

두 번째는 사용계획서를 제출하지 않은 직원을 대상으로 사용 기간이 종료되는 시점 2개월 전까지 회사는 직원 개인별로 휴가시기를 지정해 서면으로 통보해야 합니다.

하지만 많은 담당자가 연차 사용촉진절차의 1단계만을 운영하거나, 혹은 2단계까지만 운영하는 것이 현실입니다. 만약 직원이 지정받은 휴가임에도 출근을 해서 근로를 제공하면 휴가 수당을 지급해야 합니다.

노무수령 거부는 근로기준법상 입증책임에 대해 직접 규정하고 있지 않지만 실무상 회사에서 입증해야 할 가능성이 높습니다.

실무상 노무수령 거부 의사표시를 구체적으로 통보한 사례로는

(1) 휴가사용시기 지정일 전날 휴가기간에 대해 문자통보

(2) 휴가 지정일 당일 노무수령 거부 문자통보와 함께 회사 시스템 접속 시 팝업창을 활용해 노무수령 거부 통보

(3) 해당 팝업창을 직원이 확인하지 않는 경우 별도의 오프라인 서면 통보 등의 절차적인 제도를 통해 적극적인 노무수령 거부 의사를 표시하는 게 좋습니다.

채용 시 유의해야 할 것들

02

능력은 스펙 순이 아닙니다!

- 붙잡을 수 없는 이유 -

장승준 대표는 또 한 장의 사직서를 받았다. 사직서의 주인공은 김경대 상품관리팀장이었다. 또 하나의 아까운 인재다. 곧바로 퇴직면담을 위해서 김경대 팀장을 불렀다.

"김 팀장님? 무슨 일이세요? 지금 유아흔들침대 개발도 한창 진행 중이잖아요."

"네, 물론 지금 시기가 좋지 않다는 건 알지만 저도 오랫동안 고민해온 일이어서요. 대표님도 아시다시피 제가 결혼을 늦게 해서 아이가 이제 6살입니다. 제 나이를 생각하면 하루라도 빨리 자리를 단단하게 잘 잡아야 할 것 같습니다. 마침 제 친구가 디자인 회사를 운영합니다. 같이 일 해보려고요. 동업자로 들어가는 거라 계속 일할 수 있고, 잘되면 제 이름으로 디자인 회사도 차릴 수 있을 거 같습니다. 이해해 주세요."

얼마 전 우리나라 평균퇴직연령이 49.5세라는 기사를 본 기억이 났다. 49.5세면 한국나이로 50~51세이다. 47세인 김경대 팀장의 입장에서는 채 5년이 남지 않은 기간이다. 장승준 대표는 모든 직원들에게 법적 정년인 60세를 보장해 주고 싶지만 솔직히 회사가 10년 후엔 어떤 상황일지 확실치 않다. 김경대 팀장을 더 이상 붙잡지 못하는 이유다.

"충분히 생각하고 결정하신 거지요? 제가 더 잘해드렸어야 하는데, 아쉬움이 크네요. 혹시나 나중에라도 맘 바뀌시면 마미홈의 문은 언제나 열려 있습니다."

"네, 대표님 항상 신경 써 주시고 특히 업무에 관해 믿고 맡겨 주셔서 감사합니다!"

서로의 성공을 기원하며 훈훈하게 퇴직면담을 마쳤다. 문제는 후임 팀장을 구하는 것이었다.

– 학벌이냐? 경력이냐? –

상품개발팀장은 디자이너 경력이 필수다. 유아용품 특성상 아기엄마들의 마음을 사로잡을 디자인이 필수요소이기 때문이다. 현재 마미홈의 디자이너는 사직서를 낸 김경대 팀장을 제외하면 경력 5년 이하의 직원들 뿐이었다. 장승준 대표는 경영지원팀장인 한근녹 팀장과 인사담당인 이정원 과장을 사무실로 불러 논의를 했다.

"김경대 팀장이 퇴사를 합니다. 상품개발팀장 업무 특성상 내부에서 대체할 수도 없고, 외부에서 경력 디자이너를 좀 서둘러서 채용해야 할 것 같아요. 지금 진행 중인 유아흔들침대 개발 건도 마무리해야 해서요."

한근녹 팀장이 특유의 설레발을 쳤다.

"네, 물론입니다. 대표님 실망하시지 않도록 학벌 좋은 사람으로다가 폼나게 채용 한 번 해보겠습니다."

학벌? 폼나게? 장승준 대표는 화려한 스펙보다 사람을 잘 뽑고 싶었다. 그러나 한근녹 팀장은 계속 신이 나서 떠들었다.

"요즘 디자인 업계도 구직난이 심해서 심지어 해외대 나온 초우량 경력자들도 중소기업에 지원을 많이 한다고 합니다. 제가 이번 기회에 유학파 디자이너를 채용해서 우리 마미홈의 품격을 높여 보겠습니다."

잠자코 있던 이정원 과장이 한마디 했다.

"팀장님, 해외대 출신이라고 일 잘하는 거 아니에요. 좋은 대학 나왔다고 다 일 잘하는 거 아니라고요."

한근녹 팀장이 반박했다.

"에이 무슨 소리야. 학벌과 업무능력은 정비례한다고! 물론 이 과장처럼 전문대 나와도 일 잘하는 사람도 아주 드물게 있지만... 대부분은 그 공식이 들어맞는다고!"

이정원 과장은 한근녹 팀장의 사고방식을 잘 알고 있었다. '이럴 땐

참는 것보다 세게 나가야 한다' 이정원 과장이 꼰대들에게 맞서는 나름의 노하우였다.

"팀장님!! 방금 그 말씀. 학벌차별인 거 아시죠? 저 신고할 거예요."

신고란 말에 오히려 장승준 대표가 순간 움찔했다. 한근녹 팀장은 펄쩍 뛰었다.

"이 과장 농담이지? 말조심할게. 신고 그런 거 막 하고 그러는 거 아니에요."

변명하는 한근녹 팀장의 말을 뒤로 하고 이정원 과장은 장승준 대표에게 말했다.

"여하튼 전 학벌 위주로 사람 채용하는 거 정말 반대입니다. 업무능력을 보고 뽑아야죠. 경력 위주로요."

장승준 대표 역시 같은 생각이었지만, 팀장 자리를 업무능력을 꼼꼼히 확인할 만큼 오래 비워둘 수는 없었다.

필수 노무 개념 바로 알기

• 이정원 과장이 말한 '차별금지'란?
근로기준법에는 성별, 국적, 신앙 또는 사회적 신분을 이유로 근로조건에 대한 차별적 처우를 하지 못하도록 하고 있음. 또한, 고령자고용법에는 연령을 이유로 채용, 임금, 교육, 승진, 퇴직 등 인사전반에 걸쳐 차별하지 못하도록 하고 있음. 기간제법과 파견법에 따라 정규직과 동일한 업무를 수행하는 비정규직에 대한 차별도 금지됨.

"알겠습니다. 일단 한시가 급하니까 한 팀장은 이 과장하고 같이 채용일정부터 뽑아보세요."

– 면접자도 회사를 면접한다 –

일주일 만에 채용공고를 내고 입사지원서를 접수받기 시작했다. 경력 7년 이상이라는 조건이 붙어 있어서 지원자가 별로 없을 것이라 예상했는데 30명이 넘는 지원자가 신청을 했다. 이정원 과장이 1차로 자격 미달을 걸러내고 20명 정도가 남았다. 한근녹 팀장은 그 중에서 하나의 이력서에 완전히 꽂혔다.

"이게 뭐야. Saint University? 이거 미국에 있는 디자인으로 유명한 대학 아니야? 대!박!"

"네, 맞아요. 근데 Saint 대학 맞아요? 혹시 부속 디자인학원 나온 거 아니고요?"

"아니야~ 여기 봐봐 분명 'Saint University', 전공은 'Industrial Design'이라고 쓰여 있잖아~ 이 사람 포함해서 5명 추려서 면접 진행하자. 맘 바뀌기 전에 얼른!"

2주일 후로 면접 일정을 잡고 최종면접 대상에 뽑힌 5명에게 서류전형 합격 통보를 했다. 한근녹 팀장은 이 과정에서 혹시나 '미국 S대(?) 출신 지원자'가 면접에 오지 않을까봐 불안했다. 면접 당일 경영지원팀

회의실을 면접자 대기실로 꾸미고 샌드위치와 커피 등 간식까지 구비해 놓았다. 한근녹 팀장은 유난히 오버하며 인사담당 막내인 양대운 대리에게 '아침 대용이니 샌드위치는 든든하게 파리ㅇㅇㅇ에서 계란 들어간 거로 사오고, 커피는 편의점에서 캔 말고 빨대 있는 좀 고급스러운 거로 사오라'며 아주 디테일한 부분까지 신경을 썼다. 양대운 대리 역시 면접대기실을 오가며 꼼꼼하게 면접자들을 챙겼다.

오전 08시 30분. 1번 면접자가 회사에 도착했다. 양대운 대리는 면접자를 대기실로 안내하고 친절한 미소를 띠며 면접자에게 말을 걸었다.

"안녕하세요. 인사담당 양대운 대리입니다. 아침 일찍 오시느라 힘드셨죠?"

면접 후 기업이미지 변화는?

- '면접 후 기업이미지는 대체로 어떤가?'

| '대체로 변했다' 57.7% | '대체로 변함없다' 42.3% |

- 면접 후 기업이미지가 대체로 변했다고 느끼는 구직자 중에는

| '기업 이미지가 나빠졌다' 60.9% | '기업 이미지가 좋아졌다' 39.1%' |

- 구직자들은 면접에서 기업이미지를 결정짓는 가장 큰 요인은 '면접관의 인상과 태도'라 답했다.

(구직자 1,070명을 대상, 자료 출처 잡코리아, 2020년 4월 조사)

"네 안녕하세요. 집이 멀지 않아서 괜찮습니다"

"댁이 근처신가 봐요. 아침 안 드셨죠? 여기 샌드위치하고 커피 좀 드세요."

"좀 긴장돼서요. 괜찮습니다."

양대운 대리는 나름대로 면접자의 태도를 파악하고 회사 이미지를 좋게 각인시키려는 시도였다. 별 성과는 없었지만 이정원 과장의 조언이기도 했다.

– 압박 면접 No! 블라인드 채용!! –

면접실에서는 엄진근 본부장이 면접 자료를 보면서 투덜대고 있었다.

"한 팀장, 요즘 입사지원서는 왜 이렇게 양식이 부실해? 도대체 면접자에 대한 정보를 알 수가 없잖아?"

"네? 거기 사진도 붙어 있고, 학력, 경력사항, 자격증 등 직무관련 필요사항과 지원동기, 입사 후 희망커리어 등 회사에 대한 기대사항도 다 기록되어 있는데요."

"아니 그런 거 말고, 지원자의 환경에 대한 내용이 없잖아~ 그게 얼마나 중요한데... 부모님은 어떤 사람인지, 어려서 부유하게 자랐는지 아니면 가난한 환경에서 어렵게 자랐는지 같은 거 말이야. 자라온 환경을 알아야 그 사람이 어떤 사람인지를 알 수 있지."

엄진근 본부장은 마미홈 최고의 꼰대로 통했고, 역시나 명성에 걸맞게 이력서도 옛날 것을 선호했다. 가족관계는 물론, 재산, 심지어 키, 몸무게, 혈액형, 종교, 취미 까지 적어내던 입사지원서에 익숙해 있는 것이었다. 한근녹 팀장은 슬쩍 주의를 주었다.

"어휴, 본부장님 요즘은 채용절차법이 까다로워져서 그런 거 물어보면 안 됩니다."

"그래? 참 별 걸다 못하게 하는구만! 도대체 사람을 뭘 보고 뽑으라는 건지…"

오전 9시 정각. 첫 번째 면접시간이 되자, 1번 면접자가 면접실로 들어왔다.

"안녕하십니까? 이 진 호 입니다."

"네, 앉으세요."

면접자가 자리에 앉자 잠시 상투적인 인사가 오간 후에 본격적인 질문이 시작되었다.

"디자이너 경력이 13년이나 되시네요. 근데 주로 가구업체에서 디자이너로 일하셨네요?"

"네, 대부분 가구를 디자인하는 업무를 해왔지만, 제 생각에 가구도 제품의 한 종류라고 생각합니다. 또한 디자이너로서 일러스트 활용능력은 물론, 3D 프린터도 사용해 본 경험이 있습니다."

한참 직무경력 관련 얘기가 오가는 중에 불쑥 엄진근 본부장이 끼어들었다.

"네, 업무능력은 충분하신 거 같은데요... 혹시 결혼은 하셨나요?"

"네? 아직 미혼입니다."

"아직요? 지금 나이가 41세이신데 좀 마음이 급하시겠네요."

헉! 이게 무슨 소리야! 장승준 대표는 얼른 엄진근 본부장의 말을 막았다.

"본부장님~ 사적인 거 묻지 마시고요. 아까 말씀하시던 그래픽 프로그램 관련 얘기를 계속하시죠."

겨우 주제를 돌려서 직무얘기를 5분 정도하고 있던 중 엄진근 본부장이 또 나섰다.

"주소가 개포동이네요... 부자동네네. 혹시 아버지는 무슨 일을 하세요?"

이정원 과장은 엄진근 본부장의 입을 테이프로 붙여버리고 싶었다. 경력직 팀장 면접을 보는 자리에서 "느그 아부지 뭐하시노?!"라니... 이정원 과장은 한근녹 팀장에게 엄진근 본부장 입 좀 막으라는 눈빛을 보냈고, 한근녹 팀장은 1번 면접자에게 의례적인 마지막 질문을 했다.

"네, 이진호 님, 지금까지 얘기 잘 들었고요. 혹시 마지막으로 회사에 궁금하신 점이나 꼭 하시고 싶으신 말씀 있으신가요?"

"네, 다른 회사에 비해 면접 질문이 좀 특이해서요... 혹시 압박면접인가요?"

"아니요, 그런 거 아닙니다. 저희는 직무적합성만을 중심으로 검증할 뿐입니다. 다소 당황스런 질문이 있었다면 양해해 주시기 바랍니다.

수고 많으셨습니다."

1번 면접자는 얼굴이 붉게 상기된 채 어두운 표정으로 면접실을 나갔다. 면접자가 나가자마자 한근녹 팀장이 엄진근 본부장에게 다시 한 번 주의를 줬다.

"본부장님! 뉴스도 안보셨어요? 아까도 말씀드렸지만, 요즘 법이 강화돼서 외모, 결혼여부, 부모님 직업, 재산 같은 거 물어보면 큰일 나요!"

"알았어, 알았어. 안 물어볼게. 난 지원서에 쓰는 건 안 되도 면접에서 질문은 해도 되는 줄 알았지."

한근녹 팀장의 주의 덕분인지 2, 3, 4번 면접자와의 시간에는 경력과 직무관련 질문에만 집중하여 무난하게 넘어갈 수 있었다. 하지만 아쉽게도 모두 1번 면접자만큼의 역량을 갖춘 사람은 없어 보였다.

– 면접관의 자격 –

드디어 한근녹 팀장이 목이 빠지게 기다리던 5번 '미국 S대(?) 출신' 글로벌 학벌 면접자 차례가 되었다.

"이번 면접자는 특히 더 주목해서 봐주시기 바랍니다. 무려 Saint 대학 출신입니다."

"정말? 그 유명한 디자인 대학? 어떻게 그런 훌륭한 인재가 우리 회사에 오셨대?"

평소엔 물과 기름 같던 한근녹 팀장과 엄진근 본부장인데. 오늘따라 쿵짝이 맞았다.

왠지 그 모습이 영 거슬렸던 이정원 과장이 한 마디 했다.

"좋은 대학출신이라고 꼭 일 잘하라는 법은 없습니다. 게다가 저희 회사에 맞지 않는 고 스펙자 는 이직할 가능성도 높고요."

장승준 대표는 이정원 과장의 말에 훨씬 더 공감이 갔다. 본인이 회사생활 때에도 고스펙자가 생각보다 업무능력이 떨어지고 고집이 세서 윗사람 의견을 무시하고 그 결과 인정을 받지 못해 회사에 불만만 가지다가 결국 이직하는 모습을 많이 보았기 때문이다. 기대와 우려 속에 5번 면접자가 들어왔다.

"안녕하세요. Seri강이라고 합니다. 앉아도 되죠?"

"어서오세요~ 오래 기다리셨죠? 스펙이 참 화려하시네요. Saint 대학, 아니 University는 들어가기 어렵죠?"

한근녹 팀장이 지금까지와 다르게 촐싹거리는 말투로 대화를 시작했다.

"아. 네 뭐 쉽지는 않죠. 영어도 잘해야 하고… 다행히 저는 어려서부터 미국에 살아서 영어는 문제가 없었어요."

이정원 과장은 Seri강의 거만한 말투와 자세 등 여러 면이 맘에 안 들었다. 그러나 눈을 돌려 다른 면접관들을 보니 다들 Seri강에게 티가 날 정도로 관심을 가지고 있었다.

"근데 미국에서 대학을 졸업하시고 한국회사에 취업을 하신 이유가 있으신가요? 보통 Saint University 정도 나오면 해외의 유명한 패션회사에서도 일하실 수 있었을 것 같은데요?"

"네, 저도 그러고 싶었지만 제가 외동딸이거든요... 저희 부모님이 너무 오래 떨어져 있는 것 같다고 한국에 들어와서 일하기를 바라셨어요."

"아~ 능력도 출중하신데 마음도 넓으시네요."

면접자의 스펙에 휘둘리고 있는 엄진근 본부장과 한근녹 팀장의 질문과 태도는 면접관으로서 불합격이다. 그런 모습이 거슬렸지만 장승준 대표는 중심을 지키고 최대한 공정하게 질문을 이어 나갔다.

"저 대학 졸업하신 게 2006년이신데 지금까지 13년 동안 경력이 7년밖에 안 되시네요."

"네, 졸업하고 나서 패션디자인회사에서 2년 정도 일하다가 senior manager하고 좀 trouble이 생겨서 그만두고 여행도 다니고 제가 또 꽃을 좋아해서 florist로 몇 년 일하다가 다시 디자인 회사로 취직을 했거든요."

"저희는 아시다시피 제품디자인과 상품기획을 할 팀장을 채용하기 때문에 관련 경력 및 직무역량이 중요합니다."

"네. 제가 패션디자인 쪽에만 있기는 했지만 보통 패션디자인 하면 옷만 디자인한다고 생각하시지만 가방, 모자, 신발 등 다양한 제품의 디자인을 같이 하기 때문에 유아용품 디자인 능력도 충분하다고 생각해요. 실제로 회사에서도 가방디자인이 main role이었고요."

이후 이전 회사에서의 직무내용에 대한 질문이 몇 차례 더 이어지고 나서 면접이 마무리 단계로 접어들었다.

"네, 지금까지 말씀 잘 들었고요. 혹시 마지막으로 회사에 궁금하신 점이 있으면 말씀해 주시기 바랍니다."

"네. 지금 채용하는 Role이 상품개발팀장이라고 하셨는데, 그 팀에 팀원은 몇 명이나 되나요? 저는 이전 회사에서도 매니저 역할을 했어요. 일을 전체적으로 지시하고 관리하는데 익숙하거든요."

"네, 현재 디자이너 2명, 상품기획담당 2명해서 총 4명입니다"

"네~ 뭐 작은 팀이네요. 알겠어요. That's all."

이정원 과장은 이미 채용 확정된 사람처럼, 아니 채용되어 주는 사람처럼 행동하는 Seri강이 어처구니없었다. 이게 다 엄진근 본부장과 한근녹 팀장의 면접관으로서의 기가 막힌 태도 때문이다.

리더들이 놓치기 쉬운 HR 상식

- **면접관의 마음가짐과 요건은?**
1. 면접관은 회사를 대표한다는 자세로 면접에 임해야 한다.
면접관이 지나치게 공격적인 질문이나 무시하는 발언을 해서 면접자에게 회사의 이미지를 떨어뜨리지 말자.
2. 객관적이고 공정한 평가를 해야 한다.
언제 누가 면접을 보더라도 동일한 결과가 나올 수 있도록 합리적이어야 한다. 면접관이 편견 및 선입견에 의한 평가를 하거나, 첫 인상, 후광효과(한가지의 장·단점만을 가지고 전체를 평가) 등 주관적인 견해로 평가하는 것을 주의해야 한다.
3. 지원자가 긴장을 풀고 편안한 상태에서 면접을 볼 수 있도록 배려해야 한다.

– 합격과 탈락의 원칙 –

면접을 마치고 면접위원들 간에 회의가 열렸다.

"어떠세요! 대표님. 역시 글로벌대학 출신은 다르죠?"

"글쎄요... 디자이너 경력이 좀 짧아서... 상품기획 경험도 없고요. 경력으로만 봐서는 1번 면접자인 이진호 씨가 제일 나은 거 같은데요?"

"에이 무슨 말씀이세요? Saint 대학 졸업장만 해도 이진호씨가 다닌 정도의 회사 경력 5년은 인정해 줘야지요. 본부장님은 어떻게 생각하세요?"

" 제가 봐도 Seri강이 다른 면접자들하고는 급이 달라 보이던데요?"

이대로 두면 안 되겠다 싶어 이정원 과장이 다급히 끼어들었다.

"대표님, 채용은 직무와 직책에 적합한 사람을 찾는 겁니다. 직무능력과 경력은 누가 봐도 이진호 씨가 제일 낫습니다. 그리고 팀장의 자리는 무엇보다 리더십이 중요한데요. Seri강은 리더 경험도 없고 말투나 스타일을 봐도 리더로 적합해 보이지 않습니다."

"에이~ 무슨 리더십을 경험으로 판단해! 내가 보기엔 카리스마도 있고 자기주장도 확실해서 오히려 팀원들이 잘 따를 거 같은데!"

엄진근 본부장도 Seri강 쪽으로 마음을 굳힌 듯 보였다.

"네... 뭐 다들 의견이 다르니, 일단 면접평정표에 각각 점수를 부여하고 이를 합산해서 최고점을 받은 사람으로 결정을 하시죠."

면접관은 간사인 이정원 과장을 제외하면 장승준 대표, 엄진근 본부장, 한근녹 팀장 세 명뿐이었다. 엄진근 본부장과 한근녹 팀장이 Seri 강에게 최고점을 줄 게 뻔한 상황에서 장승준 대표가 누구에게 최고점을 주든지 답은 정해져 있었다. 면접관들이 모두 면접평정표를 제출했고 점수를 합산해 보니 결과는 예상한 그대로였다. Seri강이 압도적인 점수 차이로 1등을 차지했고, 장승준 대표가 지지한 이진호씨가 2등을 차지했다. 원칙은 원칙이므로 Seri강이 최종합격자 명단에 이름을 올렸다. 며칠 후 이정원 과장은 Seri강에게 최종합격통보 전화를 했다.

"안녕하세요. 마미홈 경영지원팀입니다. Seri강 님 되시죠?"

"네, 제가 Seri강인데요."

"저, 상품개발팀장 경력직 채용에 최종합격하셔서 전화드렸습니다."

"아, 그래요? 알겠습니다."

"네, 출근은 다다음주 월요일인 9월 5일부터 하시면 됩니다. 출근하시기 전에 저희가 지정한 병원에서 건강검진 받으셔야 하고요. 경력증명서 등 제출하셔야 할 서류들도 출근일에 가지고 오시면 됩니다."

"네? 건강검진이요? 제가 운동선수도 아니고 왜 건강검진을 받아야 하죠?"

"아... 네, 입사 전 직원의 건강상태를 체크하는 형식적인 절차니까요 부담 가지실 필요 없습니다."

"참, 이해가 안 가네요. 일단 알겠어요."

이정원 과장은 최종합격 통보에 고마워하기는커녕 건강검진 요구에 불만을 표하는 Seri강이 더더욱 맘에 안 들었다. 일주일 후, 정신없이 급여작업을 하던 양대운 대리에게 마미홈 지정 병원에서 전화가 왔다.

"안녕하세요. 상상병원입니다. Seri강 씨 건강검진 결과가 나와서요, 이메일로 보내드리려고 하는데요. 이메일 주소 확인 차 전화드렸습니다."

1시간 후쯤 건강검진 결과가 도착했다. 결과는 놀랍게도 고! 혈! 압! 그것도 중등 고혈압에 해당하는 수축기 168에 이완기 110이었다. '이 정도면 혹시 채용결격사유로 삼을 수 있지 않을까?' 이정원 과장은 맘에 안 드는 Seri강을 내칠 수 있는 기회라고 생각해 한근녹 팀장에게 잔뜩 상기된 표정으로 건강검진 결과를 보여주었다.

"팀장님, Seri강 중등 고혈압인데요. 이 정도면 채용취소사유 아닌가요?"

"뭐? 어디 봐. 휴~ 이 과장! 건강사유로 채용 취소하는 거 인정받기 얼마나 어려운지 몰라? 건강이상으로 채용취소하려면 그 직무를 수행할 수 없다는 점을 회사가 입증해야 돼. 무거운 짐을 나르는 택배기사, 건설노동자 같은 사람이 허리디스크 등이 있을 때처럼 명백한 사유가 아니면 힘들어. 특히 우리 같은 사무직의 경우에는 산업안전보건법상 명시된 전염병, 심장·신장·폐질환 등이 있는 사람 아니면 건강을 이유로 채용취소 어려워! 난 또 뭐라고~ Seri강처럼 훌륭한 인재를 놓치면 어떡하려고..."

결국 Seri강이 화려한 복장으로 첫 출근을 했다.

"제 자리가 어디죠?"

"네, 저쪽 상품개발팀 명판 있는 곳입니다. 먼저 대표님께 인사드리고 근로계약서부터 작성하시죠."

장승준 대표와 간단한 인사 겸 티타임을 마치고 근로계약서 작성을 위해 경영지원팀 회의실에 온 Seri강이 계약서를 보자마자 질문을 쏟아냈다.

"휴가가 며칠이죠? 연차휴가만 쓰여 있는데 그럼 1년에 15일인 건가요? 저는 경력입사자니까 그걸 감안해서 더 주셔야 하는 거 아닌가요?"

"저희는 법상 연차휴가만 지급하고 경력입사자라고 휴가를 더 지급하지는 않습니다."

"여름휴가나 특별휴가도 없어요?"

"네. 4일의 여름특별휴가를 별도로 지급하고 있습니다."

"oh god, 겨우 4일이요? 20일도 안되는 휴가로 어떻게 1년을 지내요? 그럼 휴일은요? 부활절이나 Thanksgiving day도 안 쉬나요?"

"네, 대신 주휴일과 근로자의 날 그리고 한국 공휴일에는 다 쉴 수 있습니다."

"저는 꼭 여름에 2주 이상 장기휴가를 가야 리프레쉬가 되거든요. 다 그렇지 않나요?"

이정원 과장은 안 그래도 아니꼬운 그녀가 첫 출근 날부터 장기휴가 얘기를 하니 더욱 속이 부글부글 끓었다. 하지만 꾸~욱 참고 꼼꼼하게 설명을 이어갔다.

"연봉은 여기 적힌 금액이고요 기본급과 팀장수당, 법정수당이 포함된 금액입니다. 법정수당은 1주일에 7시간의 연장·휴일근로에 대한 수당을 말하는 거고요."

"What? Overtime에 대한 수당이 이미 연봉에 들어가 있다고요? 전 그런 얘긴 못 들었는데요."

"네, 그렇지만 매월 연장·휴일근로시간을 체크해서 포함된 시간을 넘으면 추가로 지급하고 있습니다."

"어쨌든 저 연봉금액은 그대로 받을 수 있는 거죠?"

"네, 연장·휴일근로를 저 시간만큼 안하셔도 연봉은 깎이지 않습니다."

Seri강은 잘 이해가 가지는 않았지만 연봉이 보장된다는 말에 더 이상 묻지 않았다.

"그리고 여기 연봉계약기간이 1년으로 되어 있는데, 제가 계약직인 건가요?"

"아니요, 이건 연봉이 1년 단위로 변경된다는 의미이고요, 이 위에 근로계약기간은 '기한의 정함이 없음'이라고 표시한 게 permanent job 이라는 뜻입니다."

필수 노무 상식 바로 알기

• 채용 취소의 조건?
최종합격통보를 하고나서 근로계약 체결을 거부하는 경우, 채용내정을 취소하는 것으로서 해고보다는 넓게 인정되나, 객관적으로 합리적인 이유가 있어야 함. 합리적 이유로는 해당년도에 대학을 졸업할 것, 경력이나 자격에 대한 입증서류를 제출할 것 등 명확한 사유만 가능함. 건강사유는 직무를 수행하지 못할 정도임을 회사가 입증해야 함.

이정원 과장은 맞춤형으로 설명을 해주긴 했지만 한국에서 7년이나 일했으면서 이런 기본적인 것도 모르나 싶었다. Seri강은 펜을 들면서 말했다.

"네, 여기에 사인하면 되죠? 친절하게 설명해 주셔서 고마워요. 전 직장에서는 이런 적이 없었거든요."

Seri강의 정중한 인사에 이정원 과장은 성급히 그녀를 비난한 것이 미안해졌다.

- 채용절차법 위반 -

장승준 대표는 상품개발팀 팀장을 뽑고 나니 한결 마음이 편해졌다. 그때 한근녹 팀장이 다급한 노크소리와 함께 대표실로 들어왔다.

"대표님, 저 문제가 생겼습니다. 방금 이진호 씨한테서 전화가 왔는데요... 면접 때 불쾌했다면서 정식으로 사과하지 않으면 채용절차법 위반으로 노동부에 신고를 하겠답니다..."

장승준 대표는 이진호라는 이름이 바로 기억났다. 1번으로 면접 봤던 지원자. 디자인 팀장으로 충분히 자질이 있는 사람이어서 아쉽게 생각하고 있었다. 면접날 상황을 곰곰이 떠올려 보았다. 엄진근 본부장이 거침없이 했던 질문들이 떠올랐다. "결혼했냐?", "아버지 뭐 하시냐?" 다시 생각해도 낯부끄러운 질문들이었다.

"사적인 질문이 문제가 됐나보군요."

"네. 엄진근 본부장이 실수를 하긴 했죠."

"그럼 사과부터 하는 게 맞겠네요."

"제 생각에는 회사 앞으로 오라고 해서 엄 본부장이 직접 만나 사과하고 소정의 위로금을 지급하고 합의서를 작성하시는 게 제일 적절해 보입니다."

"그럼 엄 본부장님한테 전달하고 그렇게 하시라고 하세요."

한근녹 팀장은 곧장 엄진근 본부장을 찾아갔다. 자초지종을 설명하자 엄진근 본부장은 불편한 내색을 감추지 않았다.

"뭐? 아니 요즘 결혼도 안하고 이기적으로만 살겠다고 하는 사람들이 많아서 얼마나 책임감이 있는지 보려고 결혼여부를 물어본 게 무슨 잘못인가? 그리고 개포동 산다길래 부자동네라고 한 거고 그건 팩트인데 뭐... 그리고 부자동네 사니까 아버지가 뭐하시는 분인가 궁금해서 물어본 거뿐인데 그게 뭐 큰 잘못이라고 그래? 나라면 오히려 자랑 삼아 신나서 말하겠구만."

한근녹 팀장은 엄진근 본부장의 얘기에 가슴이 답답해졌다.

"어휴~ 본부장님 모르시는 말씀 마세요. 요즘 채용절차법이 강화되어서 입사지원서는 물론이고 면접 자리에서도 구직자 용모나 출신지역, 혼인여부, 재산 그리고 부모 심지어 조부모나 형제자매의 학력, 직업, 재산도 물어보면 안돼요. 과태료가 한 번만 해도 3백만 원이고 최대 5백만 원이나 된다고요."

"정말이야? 과태료도 때린다고? 야~ 정말 세상 각박해졌네..."

자기의 잘못을 인정하는 건지 아니면 대책을 생각하는 건지 잠시 상념에 빠져 있던 엄진근 본부장이 기발한 아이디어라도 떠오른 듯 갑자기 말을 이어갔다.

"아니, 잠깐만 근데 우리가 그런 질문을 이진호 씨한테만 하고 2번 면접자부터는 안 했잖아. 그럼 뭐 증거도 없을 텐데, 안 그랬다고 잡아떼면 그만 아닌가?"

"무슨 말씀이세요. 올해 초에 신입사원 뽑을 때도 본부장님이 그런 질문들 하셔놓고. 만약 이진호씨가 인터넷에 올리고 그 때 지원자들이 자기도 피해자라고 면접 미투(Me Too)라도 하면 회사이미지 망가지는 건 하루아침이에요."

"으휴~ 이놈의 인터넷 세상... 알았어! 이진호 씨 부르면 내가 만나서 사과할게."

한근녹 팀장은 엄진근 본부장을 설득한 후, 이진호 씨에게 전화를 걸었다.

"안녕하세요, 마미홈 경영지원팀장입니다. 지난 번 면접관이셨던 엄진근 본부장님이 실수를 인정하고 사과하고 싶어 하십니다. 직접 전화를 걸면 이진호 씨의 감정을 더 상하게 할까봐 제가 대신 전화 드리는 겁니다. 이해를 좀 해주셨으면 합니다."

이진호는 깊이 고민하다가 한근녹 팀장의 끈질긴 설득에 일단 엄진근 본부장을 만나보기로 했다. 3일 후, 이진호는 회사 앞 커피숍에 약속시간보다 5분 앞서 도착해 기다리고 있었고 약속시간이 되자 엄진근 본부장이 커피숍 안으로 들어섰다.

"아, 먼저 도착하셨네요. 제가 늦게 온 건 아니죠? 저 차 한 잔 하셔야죠? 뭐 드시겠어요?"

"차는 괜찮습니다. 제가 웬만해서는 이렇게까지 하지 않으려고 했는데 그 날 집에 돌아가서 잠을 못 잘 정도로 이해가 안 갔습니다. 도대체 직원 채용하는데 결혼여부하고 아버지 직업을 왜 물어보신 거죠? 결혼하면 더 열심히 일하고 아버지가 잘 나가면 더 일을 잘하는 겁니까?"

엄진근 본부장은 자신이 직접 한 질문을 듣자 얼굴이 화끈거렸다.

"당연히 그런 건 아니죠... 제가 옛날 사람이다 보니 습관적으로 그런 질문을 했던 거 같습니다. 다른 뜻이 있었던 건 아니에요. 여하튼 제 질문으로 인해 기분이 상하셨다니 제가 사과드리겠습니다. 제 불찰입니다."

이진호는 고개까지 숙이면서 사과 하는 엄진근 본부장에게서 진심이 느껴졌다. 부글부글 끓어오르던 감정도 차분히 가라앉았다.

"저보다 한참 어른이신데 이렇게 사과까지 하시니 저도 이해하고 넘어가겠습니다. 사실 저도 나름 전문가라는 자부심이 있었는데 요즘 취업도 안 되고 힘들다 보니 더 예민해 진 거 같습니다."

이진호의 긍정적인 반응에 엄진근 본부장은 한시름 놓았다. 손이 좀 부끄러웠지만 들고 있던 봉투를 내밀었다.

"이해해 주시니 감사합니다. 면접관으로서 예의를 지켰어야 했는데 부족했습니다. 그리고 제가 사과의 뜻으로 약소하지만 위로금을 조금 준비했습니다. 제 성의로 받아주시면 좋겠습니다."

"네? 아니 제가 뭐 돈 때문에 이런 줄 아세요? 됐으니 도로 가져가세요. 다시 기분 나빠지려고 하네요."

"알겠습니다. 그런 뜻 아니니 오해하지 마시고... 그럼 조심히 들어가세요."

"네, 알겠습니다."

엄진근 본부장은 손에 들고 있던 합의서를 서류가방에 넣고는 커피숍을 나왔다. 도저히 합의서를 들이밀 분위기가 아니라고 판단한 것이다. 어느덧 해가 뉘엿뉘엿 지고 있는 하늘을 바라보던 엄진근 본부장의 입에서 자신도 모르게 혼잣말이 나왔다. '나도 이제 지는 해구만... 여기저기서 치이기나 하고...' 그는 우울한 마음에 어깨를 축 늘어뜨린 채 터벅터벅 걸어갔다.

필수 노무 상식 바로 알기

• 채용절차법 상 주의할 점은?

위반행위	횟수	과태료
구직자에게 직무수행과 관련 없는 외모·출신지역·혼인여부·재산, 직계존비속 또는 형제자매의 학력·직업·재산에 관한 개인정보 요구 시	1회	3백만 원
	2회	4백만 원
	3회 이상	5백만 원
채용 관련 부당한 청탁·압력·강요를 하거나 금전·물품·향응·재산상 이익을 수수·제공 시	1회	1천5백만 원
	2회 이상	3천만 원

산재 정확하게 알기

03

근무시간 중에 다쳤는데,

산재가

아니라고요?

- 마미홈 족구 대회 -

"한 팀장님! 마미홈 족구 대회를 열면 어떨까요?"

장승준 대표는 출근을 하자마자 한근녹 팀장에게 족구대회 얘기를 꺼냈다.

어제 오랜만에 군대동기들과 모임을 가진 장승준 대표는 중대장배 족구대회를 안줏거리 삼아 행복한 시간을 보냈다. 중대장배 족구대회는 병과별로 구분된 소대에서 제일 족구를 잘하는 대표를 5명씩 뽑아 5대5로 치뤄지는 족구대회를 말한다. 중대장배이므로 우승을 하면 중대장이 소대원들에게 푸짐한 삼겹살 파티도 열어주고 선수들에게는 포상휴가도 부여하는 1년에 몇 안 되는 특별행사였다. 이렇게 포상이 두둑~ 하다보니 군인들은 그야말로 최선을 다했고 선수 선발에서부터 그 치열함은 국가대표 선발전을 연상케 했다. 어제 모인 군대동기들은 중대장배 족구대회에서 정비소대 대표로 선출된 선수들이었고 그 해 우승까지 거머쥐어 자부심이 대단했다. 장승준 대표는 그 열기와 환호성을 되뇌며 밤잠까지 설쳤다.

'우리 직원들에게도 이런 기분 좋은 추억을 만들어 주면 좋겠다!'

장승준 대표는 그렇게 '마미홈 족구대회'를 개최하기로 마음먹었다.

다짜고짜 '마미홈 족구 대회'라니... 한근녹 팀장은 걱정이 앞섰다.

"족구대회요? 체육대회는 직원들이 다칠 우려도 있고, 좀 부담스러운데요."

어젯밤부터 굳은 결심을 한 장승준 대표. 좀 더 강하게 밀어붙였다.

"에이~ 족구는 축구나 농구처럼 몸싸움을 하는 운동도 아니고 족구하다 다쳤다는 소리는 들어본 적도 없어요. 회사생활에서 잊을 수 없는 추억이 될 거예요. 바로 추진해 주세요.

필수 노무 상식 바로 알기

• 회사 복지 프로그램 가운데 가장 불필요하다고 생각하는 것은? (복수응답 가능)

1위 체육대회 (43%)	2위 사내 카페테리아 운영 (27.2%)	3위 동호회 활동 지원 (25.6%)

(설문조사 대상 - 중소기업(669명)·중견기업(208명) 재직자, 자료 출처 인크루트, 2013년 조사)

우승한 선수들에게 특별휴가와 팀 회식비 지급하는 것도 잊지 마시고요~."

장승준 대표의 눈빛을 보니 이미 답은 정해져 있었다.

"네, 알겠습니다."

한근녹 팀장은 마지못해 수긍했지만 이번 '마미홈 족구 대회'가 영 불안했다. 혹시라도 누가 다치면... 일단 행사 준비의 달인인 최공무 과장을 불렀다.

최공무 과장은 한근녹 팀장에게서 족구대회 소식을 전해 듣고는 깊은 한숨이 절로 나왔다.

'대표님은 왜 하필 족구 대회를?'하는 의문을 가졌다가 꿀꺽 삼키고 곧바로 예선을 치를 조를 짜기 시작했다. 영업본부 VS 생산본부의 대결구도로 가면 재미있겠다 싶어 경영지원팀과 영업본부에서 2개조, 생산본부에서 2개조를 편성하기로 했다. 2본부 6팀으로 구성된 터라 평소에도 영업본부 VS 생산본부로 대결구도가 형성되어 있는데, 이 족구 대회가 그만 불꽃에 기름을 부은 격이 됐다.

- 불타오르다! 영업본부 VS 생산본부 -

먼저 영업본부장인 엄진근 본부장은 메일을 받자마자 각 팀장들을 소집했다.

"이번에 회사에서 족구 대회를 한대! 생산본부에 밀리면 안 되니까 누가 우리 본부에서 제일 족구를 잘하는지 조사해봐!"

그 때 김익돈 팀장이 흥분해서 자신도 모르게 손까지 들고 큰 소리로 말했다.

"우리 영업팀에 정지훈 대리가 군대 있을 때 족구로 포상휴가까지 나온 적 있답니다."

엄진근 본부장은 난세영웅이라도 만난 듯 크게 기뻐했다.

"좋아 그럼 오늘부터 정대리 포함해서 선수로 뽑힌 사람들은 특별훈련에 들어가라고~"

같은 시각 생산본부도 팀장들이 모여 선수구성에 열을 올리고 있었다.

"본부장님, 감성준 조장이 볼 좀 찬다고 소문이 자자하고요. 생산팀 김휘수 대리는 중학교 때까지 교내 축구선수까지 했답니다. 지금도 매주 조기축구에 나가고 있다고 들었습니다."

쏟아지는 희소식에 이진구 본부장은 저절로 웃음꽃이 활짝 피었다. 아이디어도 팍팍 떠올랐다.

"우리는 공장이라는 메리트가 있잖아~ 구내식당에서 점심 먹는데 15~20분밖에 안 걸리니까 바로 연습하자고. 옆 공터에 네트만 설치하면 연습하기 충분하지?"

- 목숨 걸고 족구 연습 -

생산본부는 이진구 본부장의 지시에 따라 대회준비 체제로 돌입해 바로 하드 트레이닝에 들어갔다. 선수 10명을 선출해 2팀으로 나눠 매일 점심식사 후 족구연습을 했다.

족구시합 예선이 4주 후이므로 휴일을 제외하면 정확히 20일밖에 남지 않았다. 문제는 생산팀 오퍼레이터들의 경우, 3조 2교대 근무로 오전조와 오후조가 나눠져 있다보니 연습시간 맞추기가 쉽지 않다는 점이었다. 이에 문현식 생산팀장이 묘안을 짜냈다.

"4주간만 족구선수들에 한해 오후조인 경우 12시까지 출근해 같이 식사를 하고 족구연습을 하죠. 대신 우승여부와 상관없이 선수들에게는 생산본부장 명의의 특별포상금을 지급하겠습니다."

특별포상금은 매월 정액으로 지급되는 생산본부장 활동비에서 지출하기로 했으므로 사비로 포상을 하는 것과 마찬가지였다. 그만큼 이진구 본부장의 이번 족구대회에서의 승리에 대한 열망이 강하다는 뜻이었다.

드디어 공터에 네트가 새로 설치됐고, 예정대로 점심식사를 15분만에 마치고 족구연습을 했다. 매일 팀 구성까지 바꾸어 가며 영업본부를 이기기 위한 필승조를 만들어갔다.

그런데 연습 8일째가 되던 날. 열의를 불태우며 연습을 하던 중 사고가 발생했다.

여느 때처럼 필승조와 상비군조로 나누어 시합을 시작했고, 20분 정도 격렬한 시합이 진행되던 중, 강서브로 유명한 필승조의 감성준 조장의 서브차례가 되었다. 보통의 족구서브와 달리 감성준 조장은 마치 세팍타크로 선수가 스파이크를 하듯이 공을 머리위로 높이 띄운 후에 공이 머리 정도 높이에 왔을 때 돌려차기 식으로 강서브를 날렸다. 서브된 공은 반대편 쪽 수비수 두 명의 사이로 날아갔고 수비수 두 명은 모두 공을 받기 위해 몸을 날렸다. 공을 서로 받기 위해 동시에 발을 뻗었는데 그 중 한 명이 다른 한 명의 다리를 걸어찼고 다리를 걸어차인 수비수는 중심을 잃고 쓰러지다 발을 접질리고 말았다.

"으악" 소리와 함께 김휘수 대리가 넘어졌다.

체중이 실린 상태로 접질린 것이었다. 모두가 김휘수 대리의 부상이 심상치 않음을 직감했다. 재빨리 달려온 문현식 팀장이 상태를 살피면서 물었다.

"김 대리 괜찮아? 일어날 수 있겠어?"

하지만 김휘수 대리는 신음을 내뱉으며 간신히 대답을 했다.

"아니요, 힘들 것 같습니다."

병원으로 옮기는 게 급선무였다. 김휘수 대리는 점점 더 고통이 심해지는 것 같았다.

역시나 병원에 도착할 즈음엔 발목이 심하게 부어 있었다.

의사는 김휘수 대리의 엑스레이와 MRI 사진을 보면서 검사 결과에 대해서 설명했다.

"발목 뒤쪽 뼈에 금이 갔고, 인대 3개 중 1개가 파열됐습니다. 철심 삽입 수술 후 일주일간 입원치료를 하고, 6주간 깁스를 해야 합니다."

문현식 팀장은 김휘수 대리 검사 결과를 듣고 고민에 빠졌다. 이 사실이 장승준 대표 귀에 들어가면 족구대회 연습을 지시한 이진구 본부장의 입장이 난처해 질 거 같았다. 문현식 팀장은 본인 선에서 이 일을 조용히 마무리하기로 마음을 먹었다. 먼저 생산조장들에게 연락을 했다.

"김휘수 대리가 생각보다 부상이 심각하다네요. 앞으로 2달간은 근무에 투입되기가 어려울 것 같습니다. 김 대리를 제외하고 근무조를 새롭게 편성하세요. 아! 그리고 족구 연습은 계속 합니다. 단, 절대 다치지 않게 서로 조심합시다."

- 족구연습과 산재 -

어느덧 퇴근시간. 문현식 팀장은 곧바로 김휘수 대리가 입원한 병원으로 움직였다.

머릿속은 김휘수 대리에 대한 걱정과 이 상황을 어떻게 조용히 마무리 할까 하는 생각으로 꽉 차 있었다. 하지만, 막상 김휘수 대리를 보자 안타까운 마음부터 들었다.

"아이고~ 김 대리 많이 아프지? 업무에서도, 족구시합에서도 꼭 필요한 사람인데... 이런 부상을 당해서 어쩌나!"

김휘수 대리는 힘겹게 웃으며 문현식 팀장을 맞았다.

"지금은 진통제를 맞아서 통증은 많이 가라앉았어요."

"그나마 다행이네. 아까는 정말 고통스러워 보이던데…"

자연스럽게 진료결과 및 수술일정 등 치료에 대한 얘기가 이어졌다.

그러다 문득 생각이 난 듯 김휘수 대리가 질문을 던졌다.

"그런데… 팀장님 회사에서 족구하다 다칠 경우 산재가 된다고 하던데요. 산재로 인정되면 병원비도 다 나오고 휴업급여라고 일 못하는 기간 동안의 임금도 70%나 지급된다면서요?"

문현식 팀장은 산재 얘기에 생각이 많아졌다. 산재가 되면 당연히 회사에서도 알게 될 거고 장승준 대표의 귀에까지 사고 소식이 들어갈 게 분명했다. 그리고 왠지 산재로 승인이 되면 회사에도 불이익이 생길 것 같은 기분이 들었다. 어떻게든 김휘수 대리를 말려야겠다는 생각이 먼저 들었다.

"김 대리, 오해하지 말고 들어… 우리도 당연히 김 대리가 산재로 인정되어서 보상받고 그랬으면 좋겠지. 근데… 산재는 일하다가 다치거나 업무로 인해서 병이 생겼을 때만 인정되는 거야. 김 대리는 족구하다 다친 거잖아. 족구는 업무가 아니기 때문에 산재에 해당이 안 돼."

김휘수 대리는 실망한 기색이 역력했다. 문현식 팀장은 김휘수 대리가 더 상심하기 전에 회사가 해줄 수 있는 부분을 서둘러 얘기했다.

"대신 회사에서도 김 대리 사정을 딱하게 생각해서 공상 처리해서 치료비는 다 회사비용으로 처리하려고 해. 휴가도 연차휴가 말고 공상

휴가로 처리할 거고. 그리고 치료가 끝나는 대로 바로 업무에 복귀할 수 있도록 할 거야. 회사로서는 최선을 다하는 거라고 생각하는데…"

문현식 팀장이 슬쩍 김휘수 대리의 눈치를 보았다.

"네… 알겠습니다. 할 수 없죠."

문현식 팀장은 실망한 김휘수 대리를 더 오래 볼 자신이 없었다. 힘 내라는 의례적인 응원을 남긴 채 입원실에서 서둘러 나왔다. 하지만 집 으로 돌아오는 길에 마음이 편하지 않았다. 너무 회사와 내 입장만을 생 각해 김휘수 대리에게 못할 짓을 한 게 아닌가 싶어 죄책감이 들었다.

며칠 후 김휘수 대리로부터 전화가 걸려왔다.

"팀장님… 제가 아는 노무사를 통해서 알아 봤는데요. 저는 산재가 될 수 있을 것 같대요. 그래서 산재 신청하려고요!"

필수 노무 상식 바로 알기

- 산업재해란?
  작업환경이나 업무행동 등 업무상 사유로 인해 발생한 사고나 질병을 말함.

- 산업재해 보험급여의 종류
  - **요양급여** : 치료와 관련된 병원비 등을 지원하는 급여(**3일 이내의 치료 제외**).
  - **휴업급여** : 평균임금의 70%로 생활비를 지원하는 급여(**3일 이내의 휴업 제외**).
  - **장해급여** : 산재종결 시점에 장해가 남은 경우 지급하는 급여.
  - **유족급여** : 근로자가 산재로 사망 시, 유족에게 지급하는 급여.
  - **장의비** : 장례비용을 지원하는 급여.
  ※ 이 외에도 간병급여, 상병보상연금 등 다양한 보험급여가 있음.

어째 불안 불안하더라니... 역시나 산재 얘기가 또다시 흘러나왔다. 문현식 팀장은 다시 강하게 설득을 했다.

"김 대리, 내가 말했잖아. 산재는 회사 업무를 하다가 다쳤을 때에만 인정되는 거라고! 족구하다 다친 게 어떻게 산재가 된다고 그래? 괜히 헛된 희망 가졌다가 실망하지 말고 그만 포기해! 알았지?"

하지만 이번엔 준비를 단단히 한 김휘수 대리가 지지 않고 말했다.

"팀장님, 제가 듣기로는 업무 외적인 활동이라도 그 참여가 강제적인 회사의 지시에 따른 것이면 산재에 해당한다고 합니다. 분명히 저는 족구대회에 제가 선수로 참여한다고도 하지 않았는데 제가 어릴 적 축구선수 경력이 있다는 이유로 무조건 참석을 하게 하셨잖아요! 그리고 족구연습도 선수로 발탁된 사람들은 예외 없이 참석해야 한다고 하셨고요. 참석 안하면 인사평가 상 협업점수를 최저점으로 받게 될 거라는 말씀도 하셨습니다!"

김휘수 대리의 항변에 문현식 팀장은 말문이 막혔다.

- 마미홈의 산재 처리 -

"일단 한 팀장이나 대표님한테는 절대 비밀로 해주세요."

문현식 팀장은 인사담당인 이정원 과장에게 전화를 걸어 신신당부를 했다. 이정원 과장은 도대체 무슨 얘기가 나올지 궁금했다.

"그러니까... 사실은 족구연습을 하다가 생산팀 김휘수 대리가 발목을 좀 다쳤는데, 산재를 신청 한대요! 족구하다 다친 건 산재 안 되죠?"

얘기를 듣자마자 이정원 과장은 무슨 일이 벌어졌는지 머리 속에 저절로 그려졌다. 미리부터 겁을 먹고 몸을 사리고 있는 문현식 팀장에게 차분히 설명을 했다.

"자발적으로 족구 연습을 했거나 직원들끼리 친목을 위해 족구를 한 거면 산재에 해당이 안 되죠. 근데 이건 족구대회 때문에 팀장님이나 본부장님이 연습을 하라고 지시하신 거 아닌가요?"

"네, 본부장님 지시로 연습을 한 거긴 한데 업무랑 아무 상관도 없는 운동하다 다친 거 잖아요."

"네, 그렇긴 한데 상급자의 지시로 강제적으로 참석한 체육대회나 회식의 경우에도 업무의 연장으로 봐서 산재라고 보는 게 최근 판례의 입장이에요. 물론 전후사정을 정확히 파악해 봐야겠지만 본부장님 지시로 의무적으로 매일 참석해야 했다면 산재로 인정될 가능성이 높아 보여요. 근데 승인이 될지 안 될지는 근로복지공단에서 결정하는 거고, 일단 신청부터 해야지 뭘 고민하시는 거예요?"

이정원 과장의 말에 문현식 팀장은 오히려 당황스러웠다.

"네? 아니 인사과장이 그렇게 말해도 돼요? 산재는 일단 막고 봐야죠. 회사에 피해가 가는 거잖아요!"

이정원 과장은 어이가 없었다.

"팀장님, 산재가 회사에 피해가 간다고 신청도 못하게 하는 건 정말 옛날 마인드예요. 그리고 중대재해가 아닌 이상 산재가 발생했다고 회사가 크게 불이익을 볼 건 없어요. 산재보험료도 최근 3년간 납부한 보험료 대비 보상금이 과도하게 높아야 인상되는 거라 크게 다친 거 아니면 보험료도 별로 인상되지 않는다구요."

문현식 팀장은 괜히 오버해서 산재를 막으려고 했나 하는 생각이 들었지만 한결 마음은 가벼워졌다.

문현식 팀장은 곧바로 이진구 본부장에게 보고했다.

이진구 본부장도 처음에는 산재 신청이라는 말에 깜짝 놀라는 눈치였지만 문현식 팀장이 차근차근 설명하자 금방 이해를 했다. 이어서 김휘수 대리에게 최선이 되는 방향으로 도우라는 지시가 떨어졌다.

문현식 팀장은 김휘수 대리 얼굴을 당당하게 보러갔다.

"김 대리! 산재 신청해. 본부장님이 김 대리에게 최선이 되는 방향으로 도우라고 하셨어."

원칙에 어긋난 게 없는 데도 회사에서 끝까지 산재 신청을 반대했다면 너무 서운했을 것이다. 그런데 오히려 산재를 도우라고 하니 김휘수 대리는 고마운 마음이 들었다.

산재신청은 본인과 병원에서만 할 수 있다. 김휘수 대리는 다음날 바로 병원 원무과에 가서 산재담당직원에게 산재신청을 도와달라고 했다. 산재담당 직원이 알려주는 대로 요양급여신청서를 작성하고, 진단서, 의사소견서 등 각종 자료를 발급받아 제출했다. 산재담당직원은 족구하다 다쳤다는 의사소견서를 보더니 김휘수 대리에게 설명을 했다.

"산재 승인을 받으려면 해당 행위가 회사의 지시에 의한 것임을 입증해야 합니다. 상급자와 목격자의 진술서를 추가적으로 제출해 주세요."

김휘수 대리는 당황했다.

"그럼 제가 팀장님 지시 때문에 어쩔 수 없이 족구 연습하다가 다친 거라는 내용을 팀장님께 써달라고 해야 하는 건가요?"

"맞습니다. 목격자의 진술서까지 내주시면 됩니다."

김휘수 대리는 고민에 빠졌다. 문현식 팀장에게 잘못을 인정하라는 진술서를 요구하는 것처럼 느껴졌다. 사실 누구의 잘못도 아니고 그냥 사고인데 부담되게 진술서까지 가져오라고 하는 게 복잡하게 느껴졌다. 그래도 산재 승인을 받기 위해서는 문현식 팀장의 진술서가 필요했다. 고민 끝에 전화를 걸었다.

"저기 팀장님, 진술서 하나만 써 주실 수 있을까요?"

"아~ 진술서! 그래. 내 지시로 족구 대회 선수로 연습을 했다고 쓰면 되는 거지?"

얼마 후 문현식 팀장의 진술서를 받아 병원 원무과에 팩스로 보냈다. 같이 족구연습을 한 조원에게도 목격자 신분으로 진술서 작성을 부탁했고 가장 친한 동료가 부탁을 들어주었다.

어떤 회사는 산재가 승인되는 것을 막으려고 있는 사실도 숨기고 진술서 작성은 꿈도 못 꾼다고 하던데... 김휘수 대리는 막상 사고를 당하고 보니 우리 회사가 좋은 곳이고 우리 회사사람들이 나를 아끼고 있었구나 하는 생각이 들었다.

산재 신청 후 약 2주가 지난 어느 날 띵동하고 문자알림소리가 났다.

공단에서 보낸 산재승인 문자였다. 김휘수 대리는 문현식 팀장에게 전화를 걸었다.

"산재 승인 받았습니다. 덕분에 잘 처리했습니다. 얼른 건강해져서 돌아가겠습니다. 고맙습니다!"

– 영업팀 고 대리의 사고 –

김휘수 대리의 산재 건이 마무리 될 즈음 또 다른 사고가 터졌다. 이번에는 영업팀이었다. 한 성깔 하는 것으로 유명한 고 대리가 본인 차로 퇴근을 하다가 교통사고가 발생했다. 4차선 교차로에서 주황색 신호일 때 급하게 교차로에 진입하다 사고가 발생한 것이어서 도로교통법 상으로도 영업팀 고 대리에게 7대3 정도로 과실 책임이 더 크다고 판단되는 상황이었다. 하지만 양쪽 다 큰 부상을 입었다. 특히나 고 대리 쪽 부상이 컸다. 저녁에 대학동기들과 약속이 있어서 급하게 가느라 과속까지 했으며 조수석 쪽을 들이 받친 상황이라 상대방보다 부상 정도가 더 심각했다. 상대방은 고 대리 차량을 사전에 보고 브레이크를 밟았지만 고 대리는 우측에서 본인에게 돌진하는 차량을 전혀 인식하지 못한 상태로 사고를 당했기 때문이었다. 그나마 다행히 목격자들이 119에 신고를 해서 신속하게 병원으로 옮겨졌다. 유리파편으로 인한 찰과상을 응급처치한 후, 골절 상태를 확인하기 위해 엑스레이 촬영을 한 결과 경추골절이 의심되는 상태였다.

MRI 촬영 결과 역시나 '6번 경추압박골절'이었다. 더 심각한 것은 경추골절의 형태가 불량하여 압박 골절된 부위가 척수신경을 누르고 있어서 자칫하면 사지마비로까지 확대될 위험이 있어 긴급수술이 필요한 상황이었다. 다행히 신속히 수술이 이뤄졌고 수술결과도 좋아 향후 목 깁스 정도의 처치와 물리치료만 일정기간 받으면 완치될 수 있는 상태

필수 노무 상식 바로 알기

- **산재발생 시, 사업주가 의무적으로 해야 하는 것은?**
  - ▶ **재해 발생보고**
    - 산업재해 발생보고 : 재해발생일로부터 1개월 이내
    - 중대재해 발생보고 : 재해발생 즉시
    - 보고방식 : 산업재해조사표를 작성하여 관할노동지청에 제출
    - 산재 은폐 시 : 1천만 원 이하 벌금이나 1년 이하의 징역에 처하게 됨
  - ▶ **산재관련 자료 기록·보존**
    - 사업장 개요, 근로자 인적사항, 재해 경위 등을 작성하여 보관해야 함

  ※ **중대재해란?**
  사망자가 1명 이상 발생하거나 3개월 이상의 요양이 필요한 부상자가 동시에 2명 이상 발생하거나 부상자 또는 직업성 질병자가 동시에 10명 이상 발생한 재해

라고 했다.

엄진근 본부장 등 영업본부 사람들은 물론, 장승준 대표도 사고의 심각성을 듣고 놀라 문병을 왔다. 본인 때문에 대표님을 비롯한 많은 회사 사람들이 병문안을 오자 천하의 고 대리도 머쓱해졌지만, 그 와중에도 머릿속으로는 계산기를 두들겼다. 고 대리는 원하는 바가 있으면 수단을 가리지 않는 사람으로 유명하다. 한 번은 대형마트의 유아용품 MD(Merchandiser)가 경쟁사 제품만 진열대의 메인 중앙 자리에 배치하고 마미홈 제품은 제일 끝 구석 자리에 배치했다. 고 대리는 MD와 담판을 짓기 위해서 퇴근하는 MD의 차를 가로 막았다. 아예 차 앞에 드러누워 대화할 때까지 비키지 않았고 결국 마미홈 제품과 타사 제품을 한 달씩 번갈아 가며 진열대 중앙에 배치하기로 합의를 했다.

고 대리는 장승준 대표가 병문안을 오자 마치 기회를 잡은 듯 아픈 몸을 일으키며 반갑게 맞이했다. 인사치레가 오간 뒤 고 대리는 본색을 드러냈다.

"대표님, 이렇게 와주셔서 정말 감사드립니다. 영업사원은 몸이 생명인데... 면목 없게 됐습니다."

장승준 대표는 고 대리에게 뭔가 꿍꿍이가 있는 느낌을 받았지만 내색하지 않았다.

"어휴 무슨 그런 말이 있습니까? 사고였는데요... 그나마 이 정도인게 천만다행입니다. 치료 열심히 받고 빨리 나을 생각만 하세요."

"네, 대표님 그래서 말인데요... 제가 맘 편하게 치료받고 나으려면 산재처리가 되어야 할 것 같아요. 뭐 대표님도 뉴스 보셔서 아시겠지만 요즈음은 회사차량을 이용한 출퇴근이 아니더라도 출퇴근 중 사고는 다 산재로 인정되는 거니까요. 그리고 산재가 인정된다는 말은 업무상 사고라는 뜻이니까 별도의 위로금도 조금 주실 수 있지 않을까 생각합니다."

고 대리의 적극적인 보상 요구에 옆에서 듣고 있던 엄진근 본부장이 나섰다.

"고 대리! 지금 무슨 소릴 하고 있는 거야? 산재에 위로금? 지금 그게 문병 온 사람들한테 할 얘기야?"

엄진근 본부장이 강하게 나오자 고 대리도 태도를 바꿨다.

"제가 좀 성급했습니다. 저는 그냥 사실이 그렇다는 말씀을 드린 것 뿐입니다. 대표님, 혹시 제 말에 기분 나쁘셨다면 사과드리겠습니다."

장승준 대표는 산재가 어떻게 적용되는지 오히려 궁금해졌다.

– 출퇴근 중 사고는 산재?! –

회사에 돌아오자 장승준 대표는 바로 한근녹 팀장을 불렀다.

"고 대리 건에 대해서 산재가능여부와 보상책에 대해 논의 해 보세요."

"고 대리도 산재를요? 어허... 일단 확인해보겠습니다."

한근녹 팀장은 자리로 돌아와 이정원 과장에게 툴툴거렸다.

"아니, 고 대리 정신이 없지? 김 대리 산재처리 했다고 자기도 하겠다는 거야? 진짜 묻지도 따지지도 않고 다치면 다 산재라고 주장하고 보는구만. 참내."

"팀장님, 고 대리 사고처리 때문에 그러시죠? 저도 얘기 들었는데요... 그거 산재 아니에요."

이정원 과장의 한 마디에 한근녹 팀장은 천군만마를 얻은 기분이었다. 이정원 과장은 마미홈 최고의 노동법 전문가이자, HR전문가이자, 소통전문가다.

"그렇지? 아니지? 내 그럴 줄 알았어. 근데 요즘 출퇴근 사고에 대한 산재가 인정되는 추세라고는 하던데 괜히 섣불리 말했다가 나중에 더 문제되는 건 아닐까?"

이정원 과장은 더욱 단호한 어조로 말했다.

"걱정 안하셔도 돼요. 출퇴근 관련해서 예전에는 통근버스 등 회사가 관리하는 교통수단을 이용하다 발생한 사고만 인정되었지만 지금은 통상적으로 이용하는 교통수단이면 꼭 회사가 관리하는 교통수단이 아니어도 산재로 인정되긴 해요. 근데 지금도 동일하게 적용되는 원칙은 '정상적인 경로로 출퇴근 하다가 발생한 사고' 여야 한다는 점이에요. 고 대리는 영업사원이라 자차로 출퇴근을 하니까 교통수단에는 문제가 없지만 그 날 분명히 친구들과 술자리를 하러 봉천동 집이 아닌 양평동으로 가다가 사고가 났잖아요. 사고가 난 위치도 당산초등학교 근처 사거리였고요. 거긴 고 대리 집하고는 거의 반대방향인데요. 절대 정상적인 퇴근경로라고 볼 수 없죠! 게다가 술자리도 대학동기들과 만나는 자리였으니 회사업무와도 전혀 무관하고요!"

이정원 과장의 명쾌한 설명에 한근녹 팀장은 속이 시원해지는 기분이었다.

"오케이! 그럼 산재는 인정할 수 없는 거네! 물론, 신청이야 자유니고 대리보고 하라고 하지, 뭐. 근데, 어쨌든 직원이 심각한 부상을 당했는데 회사가 아무것도 안 해주기는 좀 그렇지 않나? 병원비만 지원해주는 걸로 할까?"

한근녹 팀장의 말에 이정원 과장이 다시 단호한 어조로 대답했다.

"안돼요, 팀장님. 원칙을 지켜야죠! 업무와 전혀 무관한 사고나 질병에 대해서는 지원을 안 해주는 게 원칙이잖아요. 원칙을 지키지 않으면 반드시 불만을 가지는 직원들이 생긴다고요! 고 대리 병원비를 지원해주게 되면 직원들 휴가 가서 다치거나 감기에 걸려서 병원비 지원해 달라고 해도 거절할 명분이 없어요! 차라리 이 기회에 복리후생으로 의료비 지원제도를 별도로 기안해 보는 게 좋을 것 같아요."

그렇지 원칙대로 해야지! 한근녹 팀장은 고개를 끄덕였다.

"오케이! 그렇게 하자고."

한근녹 팀장은 다소 무거운 마음으로 고 대리가 입원해 있는 병원으로 향했다. 흔한 음료수 대신 건강차를 들고 병실문을 조심스레 열고 들어갔다. 고 대리는 한근녹 팀장을 보자 힘겹게 자리에서 일어나 앉으려고 했다.

"어이구, 고 대리 누워 있어. 일어나지 말고..."

고 대리는 억지스레 아픈 몸을 일으켜 세우고는 인사를 했다.

한근녹 팀장이 준비한 말을 꺼냈다.

"고 대리~ 대표님한테 요청한 말은 들었어... 근데 우리가 판단하기로는 산재는 어려울 것 같아. 뭐 신청은 당사자가 하는 거니까 근로복지공단에 신청은 하도록 해. 회사도 필요한 자료는 다 제공할 테니까..."

고 대리는 실망한 표정을 역력히 드러냈다.

"정말 퇴근하다 다친 건데도 산재가 안 된다고요? 전 잘 모르겠네요? 일단 신청은 해볼게요."

한근녹 팀장은 조곤조곤 설명을 했다.

"그래, 그리고 업무상 사고가 아니다 보니 병원비 지원도 어려울 것 같아. 다만, 1개월 이상 출근이 어렵다는 의사소견서를 제출하면 휴직 처리 해 줄 거야."

고 대리는 현재로서는 딱히 반박할 말이 생각나지 않았다. 다만, 산재가 승인되면 그 때가서 제대로 보상을 요구하리라 다짐했다. 한근녹 팀장이 돌아간 후 고 대리는 바로 병원 원무과 산재담당에게 찾아가 산재신청을 부탁했다. 열흘 후 근로복지공단에서는 불승인 통보 문자가 날아왔다. 고 대리는 바로 공단 담당자에게 불승인 사유를 따졌다.

"퇴근길 사고였는데 왜 산재가 안 됩니까?"

"정상적인 출퇴근 경로 상의 사고가 아니므로 산재로 인정되지 않습니다."

고 대리는 공단 측의 답변을 듣고 나서야 미련을 버렸다.

한근녹 팀장은 마음 맞는 팀원들과 술자리를 하며 지난 몇 주간 벌어진 일들을 되뇌어 보았다. 상급자의 지시로 강제적으로 족구연습을 하다 산재를 당한 김휘수 대리, 퇴근길에 친구들을 만나러 가다 불의의 사고를 당한 고대리... 모두 안타까운 사고였지만 회사의 대응은 천양지차였다. 그럴 수밖에 없었음을 인정하면서도 왠지 마음 한편이 씁쓸했다. 하지만 그 순간 이정원 과장의 말이 뇌리를 스치며 감성적으로 흘러가는 자신의 마음을 다잡았다. '원칙을 지켜야죠 팀장님... 원칙을 지키지 않으면 반드시 불만을 가지는 직원들이 생긴다고요!' 경영지원 팀장을 맡으면서 마음에 새겼던 문구가 있다. 그날 밤 그 문구를 다시 한 번 아로새겼다.

"원칙준수는 생명이다."

필수 노무 상식 바로 알기

- 출퇴근 중 발생한 사고가 산재에 해당되려면?
  - 출퇴근 중 발생한 사고여야 함.
  - 통상적인 경로와 방법으로 이동하는 중 발생한 사고여야 함.
  - 출퇴근 과정에서 일어날 수 있는 일상생활에 필요한 행위(일상생활에 필요한 용품을 구입하는 행위 등)를 제외하고 경로의 일탈 또는 중단이 없어야 함.
  - 근로자의 고의·자해행위나 범죄행위 또는 그것이 원인이 되어 발생한 사고가 아니어야 함.

장내석 노무사의 상담실

Q 회사 입장에서 산재처리와 공상처리는 어떤 차이가 있나요?

A 원칙적으로 업무상 사고나 질병이 발생한 경우 산재처리를 해야 합니다. 그러나 일부 회사의 경우 산재처리로 인해 산재보험료 인상이나 사업입찰자격 요건 상실 등에 대한 부담으로 공상처리를 하는 경우가 있습니다. 공상처리는 산재신청을 하지 않고 회사가 근로자와의 합의를 통해 병원비 등을 부담하고 출근하지 못한 기간에 대해 휴가처리해 주는 것을 말합니다. 그러나 산재에 대한 신청권한은 근로자에게 있고 산재발생 이후 3년간 신청이 가능하므로 공상처리를 하더라도 산재신청을 막을 수는 없습니다.

▶▶ 사용자는 사업장 내에서 사망자, 혹은 3일 이상의 휴업재해가 발생하면 지방노동관서에 산업재해조사표를 제출해야합니다. 그런데 근로자에 산재법상 보험급여를 청구하지 못하도록 한 후 안전사고 발생을 노동부에 신고하지 않는 등의 산재은폐를 하는 경우 산업안전보건법 위반으로 처벌받습니다.

근로자는 초기 공상처리를 통해 사용자의 비용으로 치료가 가능하더라도, 업무상 부상 또는 질병이 완치될 때 까지 안정적, 지속적 치료나 진료를 받기 어려울 수 있습니다. 또한, 재요양을 받기가 어려우며 장해 발생 시 관련 보상을 받기 어려울 수 있습니다.

따라서, 회사는 3일 이내(이내는 3일 포함하는 개념)의 치료를 요하는 경미한 사고나 질병 이외의 경우에는 산재신청을 통한 적절한 보상을 받을 수 있도록 최대한 협조해야 합니다.

사내하도급 직원에 대한 공정한 대우

04

차별하지
말아주세요!!

– 명절 보너스 VS 설 명절 기념품 –

장승준 대표는 설날을 맞이하여 직원들을 위해 무엇을 해줄 수 있을까 고민에 빠졌다. 리더모임의 다른 대표들은 설날, 추석에는 차례비 명목의 명절보너스를 지급한다고 했다. '명절보너스라... 금액은 얼마가 적당할까' 마침 경영지원팀 에이스 이정원 과장이 지나가는 것을 보고 얼른 대표실로 불렀다.

"이정원 과장, 이번 설에 명절보너스를 얼마로 하는 게 적당할까요?"

이정원 과장은 다른 의견을 제안했다.

"대표님, 제 생각에는 명절보너스 보다는 다른 방식으로 설날을 기념하는 게 좋을 것 같습니다."

의외였다. 장승준 대표는 기념품 보다 현금이 무조건 좋을 거라고 생각했다.

"왜요? 다른 회사도 대부분 명절 보너스로 지급한다던데요."

"대표님, 명절보너스를 설날에만 주실 건가요? 추석에는 안 주실 거예요? 그리고 내년에는요? 한 번 지급하시면 특별한 명분이 없는 한 계속 지급하셔야 해요."

"나도 그렇게 생각해요. 1인당 10~20만 원 정도 생각하는데 1년 해야 두 번이니까 최대 40만 원이고 그 정도야 줄 수 있는 거 아닌가요?"

장승준 대표는 수고하는 직원들을 위해서 그 정도 지출은 할 수 있다고 생각했다. 오히려 이정원 과장이 짠돌이 기질을 발휘한다는 생각이 들었다. 이어서 이정원 과장이 반론을 했다.

"대표님 그게 다가 아니에요. 명절 보너스도 그렇게 고정적으로 매년 지급하시면 법적으로 통상임금에 해당된다고요. 그러면 연장, 휴일근로수당 같은 시간외근로수당은 물론이고 연차휴가수당, 심지어 퇴직금에 까지 영향을 미친다고요~ 그렇게 까지 고정비 인상을 하실 생각이세요?"

이정원 과장의 말에 장승준 대표는 흠칫 놀랐다. 명절보너스가 각종 수당에 퇴직금까지 영향을 미칠 줄은 정말 몰랐다.

"그럼 다른 방식으로 어떻게 설날을 기념하는 게 좋겠어요?"

이정원 과장은 부담스러웠지만, 평소에 가지고 있던 아이디어를 꺼내어 말했다.

"제 생각에는 설날 기념품을 지급하는 게 좋을 것 같습니다. 기념품은 금품이 아니라 임금으로 인정되지도 않고 직원들 사이에서도 회사에서 기념이 되는 물건을 주면 두고두고 회자될 것 같습니다. 대신 정말 실용적이면서도 꼭 기억될 만한 상품이어야겠죠."

기념품이라... 장승준 대표는 또 다시 고민에 빠졌다. 실용적이면서 기억에 남을 만한 기념품이 뭐가 있을까. 이정원 과장은 장승준 대표의 표정을 읽고 곧바로 제안을 했다.

"대표님, 경영지원팀 내에서 회의를 해 본 후에 명절기념품 안을 몇가지 올리도록 하겠습니다. 그럼 대표님께서 골라주세요."

"오케이, 그럽시다."

필수 노무 상식 바로 알기

- 보너스란?
  - 우리가 흔히 말하는 보너스는 성과급과 지원금 2가지로 나뉨.
  - 성과급은 경영성과를 기초로 지급하는 임금으로 매년 경영실적에 따라 지급여부가 결정됨(경영실적과 무관하게 고정적으로 지급한 경우 통상임금에 해당함).
  - 지원금은 명절, 휴가, 연말과 같이 특정시기를 기념하는 차원에서 비용지원을 하는 것을 말함(매년 특정시기에 일정금액을 지급한 경우 통상임금에 해당함).

- 직원 만족 기념품 찾기 -

점심식사 시간이 되자, 부대찌개 집에 이정원 과장과 한근녹 팀장 그리고 팀원들이 모였다. 식사를 하면서 이정원 과장은 설날 기념품 건에 대한 얘기를 꺼냈다.

"대표님이 명절 보너스를 생각하고 계셔서 기념품을 제안 드렸거든요. 뭐가 좋을까요? USB나 고급 펜 세트 같은 건 어떨까요? 실용적이고 회사 로고도 새길 수 있고요."

이정원 과장의 제안에 다들 시큰둥한 반응이었다. 이번에는 최공무 과장이 아이디어를 냈다.

"사무용품은 너무 딱딱한 느낌이라 설날하고 잘 안 어울리고요. 옷은 어떨까요? 요즘 등산들 많이 다니시니까 등산복이요 캐주얼한 걸로~"

최공무 과장의 의견에 몇몇이 호응을 보였지만 '취향이 다 달라서 맞추기 어렵다', '그럼 다 같이 등산가야 되는 거 아니냐' 는 농담 섞인 비판이 나오면서 얘기가 쏙 들어갔다. 이번엔 가장 최신 트렌드에 민감하고 패션 감각도 뛰어난 양대운 대리가 제안을 했다.

"제 생각에는 가방이 좋을 거 같습니다. 백팩으로 하면 노트북을 들고 다니기도 쉽고 출장 다닐 때도 좋고요. 가격대도 다양해서 부담도 덜 할 거 같은데요. 남성용, 여성용 2종류로 나누어서 지급하면 어떨까요?"

다행히 양대운 대리의 의견에 모두들 찬성하는 분위기였다.

"좋아~ 그러면 백팩으로 하자고… 근데 회사가 그래도 큰 돈 들여서 지급하는 건데 좀 생색은 나야 하니까 무조건 명품으로 가자고~ 고찌, 비버리, 프라디 머 이런 거 있잖아~ 로고 큼지막하게 딱 박힌 걸로!"

양대운 대리는 한숨이 푸욱 나왔다.

"제 생각에는 중저가 메이커 중에서 최대한 실용적이고 디자인도 세련된 걸로 알아보는 게 좋을 것 같습니다."

한근녹 팀장은 '이럴 때 젊은 사람의 센스를 믿는 게 맞다'고 생각했다.

"그래. 난 이제 감 떨어져서 모르겠다. 젊은 양 대리가 책임지고 알아봐."

며칠 뒤 양대운 대리는 평상시에도 여행갈 때도 쓸 수 있는 무난한 디자인의 백팩을 찾아냈다. 명품까지는 아니지만 유명 브랜드였고 가격도 예산을 한참 밑도는 5만 원 대였다. 한근녹 팀장을 거쳐서 장승준 대표에게 가방 샘플이 올라갔다.

"디자인이며 실용성까지 뛰어나네요. 이 제품을 설 기념품으로 직원들에게 나눠주죠."

대표 승인까지 떨어지자, 양대운 대리는 곧바로 품의서 작성을 시작했다. 그러다 지급대상에서 갑자기 손을 멈췄다. 결국 한근녹 팀장에게 물었다.

"휴직자, 퇴직예정자, 수습사원 등을 지급대상에 넣어야 할지 고민이 됩니다. 어떻게 할까요?"

한근녹 팀장은 명쾌하게 결론을 내려주었다.

"양대리, 항상 품의서 작성할 때는 취지를 먼저 생각하라고! 설날 기념품을 왜 주겠어? 설날에 직원들에게 고마움을 표하는 거잖아. 그럼 당연히 설날 당일에 직원인 사람한테만 주면 되지. 휴직자, 수습사원 다 우리 직원이잖아. 그 사람들한테 안 줘봐. 나중에 복직해서 그리고 수습딱지 뗀 후에 우리한테 뭐라고 하겠어? 그리고 퇴직예정자는 설날 전에 퇴직하는 사람이잖아. 그럼 당연히 지급할 필요가 없지! 오케이?"

양대운 대리는 한근녹 팀장의 말대로 지급대상을 정했다. 약 2주일 후, 설 연휴를 3일 앞두고 주문한 백팩이 사무실로 배송되었다. 양대운 대리는 각 팀에 연락해 백팩 수령할 직원들을 보내달라고 했다. 일사천리로 누구 하나 열외 없이 모여들었다. 품에 가방박스를 가득 안고 가면서도 얼굴에 웃음이 가득했다. 한근녹 팀장은 열심히 기념품 분출내역을 체크하고 있는 양대운 대리를 보며 엄지손가락을 치켜들었다.

– 우리는 마미홈 직원 아닌감? –

각 팀 수령자들이 모두 돌아가고 나자 양대운 대리는 백팩 포장박스들을 분리수거함으로 가지고 갔다. 분리수거함에 박스들을 버리고 돌아서는데 1층 청소를 담당하는 미화원인 김 여사가 궁금해 하는 눈빛으로 아는 체를 했다.

"양 대리님~ 안녕하세요. 무슨 박스를 그렇게 많이 버리세요?"

"아… 네. 여사님 안녕하세요. 저희 설날 기념품이에요. 이번에 특별히 대표님이 직원들에게 가방을 하나씩 주셨거든요."

"아~ 그래요? 그럼 저희 거는 어디 있어요? 경영지원팀으로 받으러 가면 되나요?"

마미홈은 청소를 담당하는 미화원과 경비를 담당하는 경비원의 경우 협력업체인 예담인력과 계약을 해서 인력을 공급받아 운영하고 있었다. 뿐만 아니라, 공장의 생산시설을 정비하는 업무 역시 민주정비라는 외부업체와 하도급계약을 통해 운영하고 있었다. 김 여사는 예담인력 소속이었고 양대운 대리는 마미홈 사업장 내에서 일을 하고는 있지만 엄연히 다른 회사직원이므로 김 여사를 비롯한 협력업체 직원들을 설날 기념품 지급대상에서 제외했다. 양대운 대리는 순간 당황했지만, 그렇다고 없는 기념품을 줄 수도 없는 상황이라 솔직하게 얘기를 했다.

"저… 죄송한데요. 이번 기념품은 마미홈 직원들에게만 지급하는 거라 김 여사님은 대상이 아니십니다."

김 여사는 순간 울컥했다.

"네? 어머! 아니 매일 저희랑 마주치시고 같이 식사도 하시면서 어떻게 그렇게 말씀하세요? 저희도 매일같이 마미홈으로 출근해서 열심히 일하는 직원이라고요! 정말 서운하네요."

김 여사는 곧바로 미화원 휴게실로 달려가서 방금 들은 소식을 전했다.

"저기 있잖아! 회사에서 우리만 빼고 설날 기념품으로 가방을 돌렸

다지 뭐야! 방금 박스 버리러 온 양대운 대리한테 들었어. 내가 박스 살펴보니까 글쎄 나이스 백팩이더라고!!"

"어머! 우리 딸이 안 그래도 저번에 나이스 가방 사달라는데 비싸다고 동대문에서 이름 없는 거 사줘서 아직도 삐쳐있는데..."

"어쩜 그럴 수가 있어요? 난 정말 마미홈이 내 회사라고 생각하고 일하고 있는데!"

여럿이 모여 얘기를 하다 보니 기념품 미지급에 따른 소외감이 증폭되었다. 결국 김 여사를 필두로 미화원들은 예담인력 대표인 김복순 대표를 찾아갔다. 미화원들이 퇴근할 시간인 오후 3시를 넘어 갑자기 사무실로 오겠다는 연락을 받자 김복순 대표는 덜컥 겁이 났다. 월급을 체불한 적도 없고 요즘 흔히들 말하는 직장 내 괴롭힘이라고 할 만한 일도 없었는데... 뭐 마미홈으로 출퇴근을 하니 사실 미화원들을 한 달에 한 번씩 회식하는 자리 말고는 만날 일도 거의 없었다. 그렇게 왠지모를 불안감에 초조해 하고 있을 때 사무실 문을 두드리고 여사들이 단체로 들이닥쳤다.

"대표님! 이거 너무 한 거 아닙니까? 저희가 청소하는 아줌마들이라고 이렇게 차별을 하면 안 되죠!"

다짜고짜 분함을 토해내는 미화원들 앞에서 김복순 대표는 어쩔 줄을 몰랐다.

"여사님들 잠시만요. 진정들 하시고요 무슨 일이 있었는지 말씀해 주세요."

김복순 대표의 말에 미화원들은 숨을 고르고 김 여사가 대표로 설날 기념품에 대한 얘기를 해주었다. 김복순 대표는 얘기를 들으면서 점점 낯빛이 어두워졌다.

사실 김복순 대표도 미화원 출신이다. 40~50대를 미화원으로 보내다가 50대 후반에 도급업체에서 단지 회장님이 '기왕이면 다홍치마'라며 좀 젊은 미화원들로 교체하라는 말 한 마디에 한 순간에 해고를 당했다. 이후 친하게 지내던 미화원, 경비원들을 모아 지금의 예담인력을 차렸다. 처음에는 본인의 수익을 줄이고 타 협력업체보다 월급도 많이 주는 좋은 대표님인 한편 도급업체에는 저렴한 비용에 최고의 서비스를 제공하는 인기 있는 업체였다.

친구 같고 언니 같은 대표로서 주기적으로 회식도 하고 유니폼도 여성의 세심함을 발휘하여 질 좋고 세련된 복장으로 챙겨주었다. 그런데 점점 유사 협력업체가 많아지고 최저임금이 지속적으로 올라가면서 더 이상 타 업체에 비해 이렇다 할 메리트를 줄 수가 없게 되었다. 직원들에게는 물론 계약당사자인 도급업체에도 뭔가 차별화된 서비스를 제공하기가 어려워졌다. 기존 직원들에게 고용안정을 최우선으로 보장하다 보니 직원들이 다 고령이 되었고 유니폼, 청소용품 등의 비용도 계속 올라 최신식으로 제공하기가 어려워 졌기 때문이다. 이런 상황이다 보니 지금처럼 협력업체로서 서운한 점이 있어도 당당하게 도급업체에 이의를 제기하기가 어렵게 되었다.

김복순 대표도 마미홈에 약간은 서운한 마음이 들었다. 미화원, 경비원 다 합쳐봐야 겨우 8명인데 조금만 신경을 써 줬으면 좋았을 거라는 생각이 들었다. 하지만 이런 걸로 도급업체의 비위를 거슬러 봐야 1년 단위로 계약이 연장되는 하도급계약 특성상 계약종료로 이어질 수도 있었다. 가능하면 도급 업체와 마찰 없이 직원들을 달래기 위해 고민하던 김복순 대표는 다음날 미화원들과 경비원들에게 문자를 보냈다.

> 저도 미화원 생활을 오래해서 급여가 적은 것보다 사소한 차별이 더 속상하다는 걸 잘 압니다. 제가 대신해서 동일한 브랜드의 가방을 지급하기로 했습니다. 쇼핑사이트 링크를 보냅니다. 마미홈 직원들 보다 더 멋진 걸로 고르세요!

예담 인력 김복순 대표는 마미홈 직원들보다 오히려 더 넓은 선택권을 직원들에게 주었다. 도급업체에도 아쉬운 소리를 하지 않고 직원들의 불만을 해결할 수 있는 지혜로운 방법을 택한 것이다.

필수 노무 상식 바로 알기

- **비정규직 차별금지란?**
  - **대상** : 기간제(계약직), 단시간, 파견근로자 → 협력(하청)업체 근로자는 차별금지 대상이 아님.
  - **비교대상** : 동종 또는 유사업무에 종사하는 정규직근로자.
  - **차별금지 영역** : 임금, 복리후생, 성과급 등 근로조건(임금의 경우 직무나 숙련도 등 정당한 사유에 따른 차이는 차별로 인정되지 않음).

- 차별하지 말란 말입니다! -

설날 기념품 사건은 또 다른 곳에서 일어나고 있었다. 천안공장이었다. 공장직원들에게 본사-공장 간 정기 우편물 배송차량으로 백팩이 전달된 날, 그 모습을 현장에서 지켜보던 정비업체 직원들이 웅성거리기 시작했다.

"김 과장! 마미홈 설 기념품 말이야. 우리만 빠진 거 알아? 이게 말이 돼?"

"그러게요! 차장님 누가 그깟 가방 받고 싶어서 그래요? 이건 우릴 무시하는 거잖아요! 같은 직원이 아니라고 대놓고 차별하는 거 아니냐고요! 아 기분 나빠!"

잔뜩 흥분한 민주정비 직원들은 협력업체 관리자인 최 부장에게 찾아갔다. 최 부장 역시 얘기를 듣자마자 화를 버럭내며 마미홈 문현식 생산팀장에게 연락을 했다.

"문 팀장님! 저 민주정비 최 부장인데요. 이거 너무 하신 거 아닙니까? 우리가 공장에서 한솥밥 먹은 게 몇 년인데 이런 작은 거로 감정 상하게 하시면 되겠어요?"

갑작스런 최 부장의 전화에 당황한 문현식 팀장은 자초지종을 듣고 나서야 상황을 이해했다.

"네. 글쎄 전 모르겠고요. 본사에서 그렇게 지급을 한 거라 저도 어쩔 수가 없네요."

최 부장은 본사 탓으로 돌리는 문현식 팀장에게 더욱 감정이 상했다. 곧바로 민주정비 이민수 대표에게 연락을 했다. 현장 직원들이 롤모델로 삼을 정도로 신망이 두터운 이민수 대표는 정비공 출신으로 직원 50여 명의 정비업체 대표다. 성격이 워낙 다혈질이라 현장작업자로 일할 때부터 업무상 트러블이 있으면 직급을 막론하고 정확히 따지고 들었으며 부당한 지시를 하거나 업무 외적으로 트집을 잡는 상급자에게는 본때를 보여주고야 말았다. 작년에도 한 건이 있었다. 공장식당 수용인원이 적어 마미홈 직원과 민주정비 직원이 한꺼번에 점심식사를 할 경우 자리가 모자랐다. 마미홈 직원이 오후 12시부터 식사를 하고 민주정비 직원은 오후 12시 30분부터 식당을 이용하도록 방침을 정하자, 이민수 대표는 먹는 것 가지고 차별하면 어떻게 되는지 보여주겠다며 그 다음날 정비직원들을 출근시키지 않았다. 결국 마미홈 생산본부장인 이진구 본부장이 미안하다고 사과전화를 하고 정비업체 직원들을 포함한 생산팀을 1그룹, 나머지 품질팀 및 물류팀 직원들을 2그룹으로 묶어 교대로 먼저 식사하도록 방침을 변경하는 것으로 해결을 보았다. 민주정비와 같은 메이저 정비업체들은 계약서 상 을이었지만 갑과 같은 위치에 있다.

백팩 사건은 역시나 이민수 대표의 심기를 건드렸다. 지체 없이 이진구 본부장에게 항의전화를 걸었다.

"본부장님! 현장에서 같이 고생하는 사람들한테 이렇게 눈에 보이는 차별을 해도 되는 겁니까?"

이진구 본부장 역시 변명 밖에 할 말이 없었다.

"아니. 차별이 아니고요. 저도 챙겨드리고 싶은데 본사에서 정한 거여서요. 이번만 좀 이해를 부탁드립니다. 이 대표님."

이민수 대표는 바로 장승준 대표에게 전화를 걸었다.

"대표님! 저 민주정비 이민수 대표입니다. 그 동안 잘 지내셨습니까?"

상황을 모르는 장승준 대표는 이민수 대표의 인사를 반갑게 받았다.

"네. 안녕하세요. 대표님~ 잘 지내셨어요? 근데 무슨 일로 전화를 다 주셨어요?"

"네. 다름 아니라 이번 설 기념품 때문입니다. 마미홈과 민주정비는 한 식구라고 생각했는데 이런 걸로 차별하시니 많이 속상하네요."

잠시 아차! 싶었지만 장승준 대표는 생각을 빠르게 정리했다. 설 기념품은 어디까지나 마미홈 직원들의 동기부여를 위한 것이고 아무리 같은 사업장에서 일을 한다고 해도 엄연히 회사가 다른데 협력업체 직원들에게까지 기념품을 지급하는 건 아니라고 생각했다. 그리고 이런 식으로 요청을 들어주다 보면 모든 걸 마미홈 직원과 동일하게 해주어야 할 수도 있다는 생각에 단호하게 말했다.

"대표님, 직원들을 생각하시는 마음은 이해합니다만, 마미홈과 민주정비는 엄연히 다른 회사지 않습니까! 이렇게 사소한 것까지 다 동일하게 지급해달라고 하시면 곤란합니다."

장승준 대표가 단호하게 나오자 이민수 대표는 더 화가 나 더 이상은 예의를 차리지 않았다.

"그래요? 알겠습니다. 그럼 저희도 가만있지 않겠습니다."

이민수 대표는 무서운 경고와 함께 전화를 끊고 최 부장을 불렀다. 막상 최 부장 얼굴을 보니 마땅히 취할 만한 조치가 없어 보였다. 또 직원들 출근을 금지시키면 안 그래도 지난 번 식당 건으로 업계에 소문이 자자한 상황에서 또 다시 막무가내 파업을 하면 아무도 우리와 계약을 하려고 하지 않을 것이었다. 법으로 해결할 수는 없을까?

"최 부장, 노동위원회에 차별시정 신청을 해보면 어떨까? 원래 정규직하고 비정규직하고 동일하게 처우하라고 있는 법이 비정규직법 아니야?"

"대표님, 제가 안 그래도 이번 일로 억울해서 아는 노무사한테 물어봤는데요. 비정규직 차별은 계약직 같은 기간제 근로자나 파견법에 따른 파견근로자가 대상이라고 합니다. 그리고 동종이나 유사업무를 수행하는 정규직 직원이 비교대상이라 그런 직원이 있어야 하는데 저희는 협력업체 직원이고 정비업무도 거의 저희끼리만 하니까 대상이 아닌 것 같답니다."

이민수 대표는 '법도 우리 편이 아니구나!'라는 생각이 들자 왠지 분했다.

"아니, 그래도 기념품 같은 거 치사하게 자기들만 주는 건 문제되는 거 아닌가?"

"네, 하도급관계가 명확하다면 별도의 회사직원이기 때문에 복리후생이든, 임금이든 동일하게 지급하지 않아도 된답니다."

최 부장은 전문가의 말을 전하면서도 썩 기분이 좋지 않았다. 차별 당한 기분이 들지만 법적으로 차별이 아니라고 하니 따질 명분이 없었다. 최 부장의 말에 이민수 대표는 고개를 푹 숙였다. 이 모습을 보고 최 부장이 다시 말을 꺼냈다.

"대표님, 근데요. 노무사가 흥미로운 얘기를 해주었습니다. 저희가 일을 하는 방식을 들어보더니 이건 완벽한 하도급의 모습이 아니래요. 그래서 어쩌면 불법파견으로 인정될 수 있고 그렇게 되면 우리 직원들 다 마미홈에서 정규직으로 채용해야 된다네요."

"그게 무슨 말이지? 지금 우리 직원들이 마미홈 정규직으로 바뀔 수 있다는 얘긴가?"

"네, 맞습니다. 불법파견을 하게 되면 직접 채용할 의무가 생기게 되고 그러면 우리 직원들이 다 마미홈 직원이 되는 거니까 앞으로는 설 기념품 등 모든 복리후생을 동일하게 적용할 의무가 생기는 거죠. 직접 고용의무를 위반하면 벌금이 1인당 3천만 원이나 된대요."

최 부장의 얘기를 듣자 이민수 대표는 마미홈의 약점을 잡았다는 생각이 들었다. 하지만 마미홈은 창업 이후 계속적으로 민주정비와 계약을 이어오고 있고 가끔 삐걱거린 적은 있지만 협력업체 직원들에게도 항상 신경 써주는 우수 도급업체다. 노동위원회에 정식으로 문제를 삼는 것보다 이 기회에 불법파견이 되지 않도록 업무관행을 제대로 개선하는 게 우리 직원들에게 더 낫겠다는 생각이 들었다.

- 적법도급 VS 불법파견 -

천안공장 회의실에 마미홈 장승준 대표와 이진구 생산본부장, 문현식 생산팀장, 한근녹 경영지원팀장, 이정원 과장과 민주정비 이민수 대표, 현장대리인인 최 부장과 현장작업자 중 최고참인 김 차장 등 관련자들이 모두 모여 하도급업무 운영개선을 위한 회의를 시작했다.

"자 최근에 다소 불미스러운 일이 있었지만, 여기 계신 이민수 대표 님께서 넓은 마음으로 이해해 주셔서 기념품 문제는 해결이 되었습니다. 그런데 그 과정에서 우리 회사 정비 업무를 수행하는 형태가 불법 파견이 될 수도 있다는 전문가의 지적이 있었습니다. 이번 기회에 다 같이 업무관행을 개선해서 그런 리스크를 없애고 서로 전문영역에서 각자 최선을 다했으면 좋겠습니다."

장승준 대표가 간단히 모인 취지를 설명하고 나자, 이정원 과장이 본 론으로 들어갔다.

"제가 최 부장님 얘기를 듣고 **불법파견 리스크**에 대해 정리해 보았습니다. 먼저 불법파견에 관한 판례들을 정리해 보면 대략 9가지 판단기준이 있는데요. 이를 크게 2가지로 구분 해보면

   1. 먼저 협력업체가 사업주로서의 실체성을 가지고 있느냐와
   2. 도급사가 수급사, 즉 협력업체 직원들에게 업무의 지휘감독을 하느냐입니다.

사업주의 실체성을 판단하는 기준은 여러 가지가 있는데요. 대표적인 게 협력업체가 여러 업체와 거래를 하는지, 업무 전문성이 있는지, 작업도구나 설비 등이 협력업체 소유인지, 계약은 입찰과정을 거쳤는지 등입니다. 민주정비는 마미홈 말고도 5개 업체와 정비계약을 하고 있고 정비업무 관련 자격증 등도 갖추고 밀링이나 금형 설비는 물론 망치, 드라이버, 나사 하나까지 모두 민주정비 소유이고 입찰과정을 거쳐 계약을 하였으므로 실체성 리스크는 없다고 판단됩니다."

여기까지 듣고는 혹시나 공장에서의 업무관행에 문제가 있을까봐 겁먹고 있던 문현식 팀장이 한마디 했다.

"그거 보세요! 제가 뭐라 그랬어요. 공장에는 아무 문제가 없습니다. 민주정비와 생산팀은 깔끔하게 일하고 있다니까요."

그러자 이정원 과장이 기다렸다는 듯이 말을 이어갔다.

"아닙니다. 아까 말씀 드렸다시피 불법파견의 리스크는 사업주의 실체성이 있어야 하고, 도급사의 업무상 지휘감독이 없어야 하는데 저희는 후자 쪽에서 리스크가 있어 보입니다."

"아니, 우리가 민주정비 직원들에게 무슨 업무 지휘감독을 했다고 그래? 항상 기계에 문제가 생기면 현장대리인인 최 부장 통해서 문제점을 전달하고 최 부장이 알아서 직원들 데리고 와서 일 시켰다고! 안 그래 최 부장?"

갑작스럽게 다그치자 최 부장은 잠시 머뭇거렸지만, 할 말은 해야겠다는 생각에 말문을 열었다.

"저와 이과장님이 판례들을 찾아보면서 저희 업무형태와 관련해서 리스크를 파악해 보았는데요. 몇 가지 문제점을 발견했습니다. **업무상 지휘감독이 인정되는 경우**를 보니

1. 업무가 혼재되어 수행되거나
2. 동일한 장소에서 업무를 하거나
3. 업무가 연속공정이거나
4. 업무를 직접 지시하는 경우로 나누어 볼 수 있었습니다.

이 중 어느 하나라도 해당이 되면 업무상 지휘감독이 인정될 리스크가 있는데요. 저희는 2번과 4번에 해당됩니다. 먼저 저희는 마미홈 생산설비에 문제가 있을 때 그 설비를 분리해서 마미홈 작업장 한편에서 수리를 하는데요. 그러다 보니 아무래도 마미홈 생산팀원들이 와서는 작업자들에게 '이 부분이 문제인거 같아', '여기를 풀어서 자세히 봐달라' 등 수리하는 데 자꾸 이래라 저래라 하는 경우가 발생합니다. 제가 주로 현장에 나와 있긴 하지만 항상 저를 통해서 얘기하는 건 아니니까요. 그리고 제가 자리를 비우거나 휴가라도 가는 날에는 직접 작업자들에게 전화해서 기계수리 요청도 하고 작업하는 내내 옆에서 지시를 하는 걸로 압니다. 맞지? 김 차장!"

"네, 최 부장님 말씀이 맞습니다."

순간 회의장 분위기가 차갑게 식었다.

"본부장님이 나름 신경 쓰시고 이민수 대표님과 더불어 문제없게 운영하도록 최선을 다한 걸로 알고 있지만 미비한 부분이 있네요. 최 부장님 말씀대로 이제부터 현장 업무 환경을 개선하죠. 일부러 그런 것보다는 일을 하다 보니 자연스럽게 이어진 경우가 많았던 것 같습니다. 그렇죠. 본부장님?"

장승준 대표가 본인 책임이라고 느끼고 있을 이진구 본부장을 다독이며 해결책을 강구해 보자며 분위기를 풀어주었다. 이어서 이정원 과장이 해결책을 내놨다.

"네, 대표님! 말씀하신 것처럼 저희가 큰 잘못을 했다고는 생각하지 않습니다. 하지만 분명 업무관행에 문제가 있었던 거는 사실이니까요. 몇 가지 개선책을 말씀드리겠습니다.

1. 생산 공장 내에 별도 정비공간을 만드는 겁니다. 칸막이를 쳐서 생산 공간과는 분리를 하고요. 민주정비 명패도 붙이고 최 부장님 책상도 놓고 해서 민주정비만의 사무실 겸 정비공간으로 사용하는 거죠. 생산팀원들은 그 공간에 들어갈 때는 반드시 최 부장님 허락을 받고 들어가도록 하고요! 수시로 들어가서 또 지시하면 무용지물이잖아요.

2. 김 차장님을 부 현장대리인으로 지정하는 겁니다. 현장대리인 정, 부를 두는 거죠. 그럼 최 부장님이 자리를 비우시거나 휴가를 가서도 항상 현장대리인이 있으니 생산팀원들이 직접 작업자들에게 업무요청을 할 일은 없을 겁니다."

이정원 과장의 합리적인 해결책을 듣고 장승준 대표는 이민수 대표를 보면서 말했다.

"어떠세요? 이 대표님 이 정도면 깔끔하게 문제가 해결될 거 같은데요!"

이민수 대표 역시 해결책이 만족스러웠다.

"네 그렇네요... 이런 물리적 해결책도 중요하지만, 근복적인 건 마미홈 생산팀원들이 정비에 대해서는 우리 작업자들에게 믿고 맡기셔야 한다는 점이죠. 이 본부장님과 문 팀장님이 생산팀원들 교육을 잘 시켜 주시겠죠?"

이민수 대표의 말에 이진구 본부장이 걱정 말라는 눈빛을 보냈다.

명절 보너스였던 백팩에서 불거진 불법 파견 리스크는 이렇게 원만하게 해결이 되었다.

장내석 노무사의 상담실

Q 적법 도급의 조건은 어떻게 되나요?

A ① 먼저 협력업체가 사업주로서의 실체성을 가지고 있느냐와

② 도급사가 수급사, 즉 협력업체 직원들에게 업무의 지휘감독을 하느냐입니다.

사업주의 실체성을 판단하는 기준은 여러 가지가 있는데요. 대표적인 게 협력업체가 여러 업체와 거래를 하는지, 업무 전문성이 있는지, 작업도구나 설비 등이 협력업체 소유인지, 계약은 입찰과정을 거쳤는지 등입니다. **도급사의 직접 업무지휘감독 여부는 본문에 있는 4가지의 경우에 해당하는지를 기준으로 판단합니다.**

업무상 지휘감독이 인정되는 경우

1. 업무가 혼재되어 수행되는 경우

2. 동일한 장소에서 업무를 하는 경우

3. 업무가 연속공정인 경우

4. 업무를 직접 지시하는 경우

Q 불법파견이 인정 될 경우 어떤 불이익이 있나요?

A 협력업체 직원에 대한 업무 지휘, 감독 등으로 불법파견이 인정되면 아래와같은 의무가 발생합니다.

▶ **직접고용의무** : 협력업체 직원을 원청회사에서 직접 채용해야 함(위반 시, 3천만 원 이하의 과태료를 부과함).

▶ **차별시정의무** : 불법파견직원은 차별시정의 대상이 되므로 유사 또는 동일한 업무를 수행하는 원청업체 직원과 임금, 복리후생 등 차별이 있는 경우 이를 지급해야 함.

평가의 공정성을 확보하는 방법

05

공정한 평가가 가능한가요?

- 평가시즌의 분위기 -

이정원 과장은 인사담당자로 벌써 4번째 시즌을 맞고 있다. 평가 시즌은 평소와 뭔가 다르다. 직원들이 평가권을 쥐고 있는 본부장, 팀장 등 직속 상급자의 말을 굉장히 잘 따르는 것이 다르다. 또 영업본부와 생산본부 간에는 은근한 신경전이 벌어지는 것 역시 다른 점이다. 평가등급 확정 및 승진자 선정 시에 전사 직원들을 서열화하여 비교하는 제도 때문이다. 평가 시즌엔 서로 간에 경쟁하듯 '제 식구 감싸기'를 하는 모습이 나타난다. 평소엔 본부장 회의 때 각자의 현황 및 실적을 보고하고 딱히 서로의 실적에 크게 관여하지 않지만 이 시기엔 확실히 다르다. 영업본부장이 지난 해 매출이 그 전년도에 비해 30%나 증가한 것을 그래

프까지 그려가며 자랑스럽게 발표하면 생산본부장이 치고 나온다.

"뭐, 영업본부가 고생은 하셨지만, 그거야 생산본부에서 양질의 제품을 생산했기 때문이죠. 작년에 평균 불량률도 엄청 낮아진 건 알고 계시죠?"

이런 식이었다. 어떻게든 성과에 대한 공을 차지하기 위해 애쓰는 모습이 보인다. 엄진근 본부장이 매주 월요일 점심에 항상 하는 멘트가 있다.

"오늘 ○○○먹으러 갈 껀데, 같이 갈 사람은 따라와. 나 돈 없으니까 희망자에 한해서."

메뉴만 바뀔 뿐 항상 동일한 멘트인데 보통은 팀장들 1~2명과 직원들 1~2명이 동행했다. 오늘도 엄진근 본부장은 팀장 회의를 마치고 회의실을 나서면서 외쳤다.

"오늘 순대국밥 먹으러 갈 건데, 같이 갈 사람은 따라와. 알지? 희망자에 한해서."

근데 이게 웬일인가? 평소와는 다르게 직원들이 6명이나 함께 먹겠다고 따라왔다. 누가 봐도 메뉴가 순대국밥이라 너무 맛있을 것 같아 나타난 현상은 아니었다. 점심을 먹고 나오는 길에 짠돌이로 소문난 김익돈 영업팀장이 ○○벅스 커피를 사겠다고 해서 다들 그야말로 깜짝 놀라는 일도 생겼다. 공장도 다르지 않았다. 족구를 사랑하는 이진구 생산본부장이 매주 토요일마다 직원들을 모아 족구모임을 한다. 물론 희망자에 한해서! 보통은 6~7명이 모여 3대3 족구게임을 했는데 최근

몇 주간은 10명이 넘게 모여 대기선수까지 생기는 기현상이 발생했다. 갑자기 천안공장에 족구열풍이라도 불어 닥친 걸까? 물론 아니다. 이러한 일련의 현상들이 단지 날씨가 좋아서나 기분이 좋아서는 아니란 걸 누구나 알고 있었다.

직장인 53.3%, "인사평가 대비하고 있다"

Q 인사평가를 위해 준비하고 있는 것이 있다면 무엇인가요?

항목	비율
인사평가 기간 전, 막판까지 업무성과 올리기	32.4%
조기 출근, 늦은 퇴근, 회식 참여 등 적극적인 모습 보이기	23%
업무에 관련된 교육 이수	15.1%
회사 규정 잘 지키기	15.1%
상사, 인사평가 부서에 잘 보이기	10.8%
외국어 공부	8.6%

Q 인사평가를 위해 준비 중인 것이 없다면 이유는?

항목	비율
준비해도 결과가 바뀌지 않을 것 같아서	38.1%
평소에 잘 해서	21.3%
따로 준비할 시간적 여유가 없어서	16.0%
승진, 높은 연봉 등 성공에 대한 야망이 없어서	11.9%
어떤 부분을 대비해야 할지 몰라서	10.2%
상사와 사이가 좋지 않아서	2.5%

직장인 522명 대상 / 벼룩시장 구인구직

– 마미홈의 New 평가방식 –

한근녹 팀장과 이정원 과장이 머리를 맞대고 매년 반복되는 이런 부작용을 해결하기 위해 이번에는 새로운 평가방식을 도입하기로 결정했다.

평가시즌만 되면 일어나는 일들이 회사의 발전에 별 도움이 안 될뿐더러, 직원들 사이에 신경전만 더해지는 것 같았다. 한근녹 팀장 역시 같은 생각이었다. 머리를 맞댄 두 사람은 개선방안 정리를 시작했다.

✚ 마미홈의 평가방식 개선방안

인사평가방식의 문제점부터 정리를 했다.

1. 목표 합의 : 연초에 평가의 기초가 되는 목표합의를 실시한다.

`문제점` 팀원은 팀장과 팀장은 본부장과 일대일로 협의를 통해 시행해야 하지만, 어색하고 불편하다는 이유로 안한다.

2. 평가기준 : 목표합의한 내용을 정작 평가할 때는 제대로 보지 않는다.

`문제점` 결국 자기 맘에 드는 직원에게 좋은 평가를 한다.

3. 1차 평가 : 상대평가이다 보니 웬만하면 자기 팀원, 본부직원들에게 좋은 평가를 준다.

`문제점` 그야말로 내 식구 감싸기

4. 전사 서열화 : 대표이사는 본부장들과 함께 전사 서열화를 실시하고 평가등급을 확정한다.

문제점 이 과정에서 본부 간 실적 부풀리기, 타본부 성과 깎아 내리기 등의 과열경쟁이 일어난다.

5. 평가피드백 : 1차 평가자가 피드백을 실시한다.

문제점 2차 평가에서부터 평가결과가 바뀔 수 있어서 1차 평가자가 책임지고 평가결과에 대한 피드백을 하지 않는다.

한근녹 팀장은 변경된 평가방식을 설명하기 위해 전사 임원과 팀장들을 모두 모이게 했다.

"본부장님, 팀장님 모두 이렇게 평가제도 개편안에 대한 설명회에 참석해 주셔서 감사 드립니다. 바쁘신 줄 알지만, 그만큼 중요한 일이기에 무리하게 부탁을 드렸습니다."

한근녹 팀장의 인사가 길어지자 엄진근 본부장이 나섰다.

"한 팀장, 얼른 본론으로 들어가자고! 평가야 그냥 일 년 간 내 밑에 직원들 관찰하다가 제일 일 잘하는 순서대로 쭈욱 줄 세우면 되는 거 아닌가? 간단하잖아!"

엄진근 본부장에 이어 이진구 본부장도 평가방식 바꿔봐야 거기서 거기고 어차피 일 잘하고 못하고는 다 이미 평가자 머릿속에 정해져 있다는 식으로 말을 했다. 가만히 듣고 있던 장승준 대표가 평가 방식에 대한 생각을 얘기하기 시작했다.

"본부장님~ 평가를 왜 한다고 생각하세요? 단순히 누가 일 잘하나 서열 세워서 임금이나 성과급 차등해서 지급하는 게 목적이라고 생각하시면 큰 오산입니다."

"잘하는 사람 돈 더 줘서 더 열심히 일하게 하는 게 목적 아닌가요?"

엄진근 본부장이 '왜 그게 오산이냐?'는 식으로 되물었다.

"네~ 물론 그런 목적도 있죠. 하지만, 그런 상벌의 개념은 부수적인 목적일 뿐입니다. 진짜 목적은 성과관리예요! 직원들에게 회사에서 각자에게 바라는 성과가 무엇인지 구체적으로 알려주고 그 성과를 잘 달성하게끔 이끌어 주는 거죠. 그래서 올해부터는 목표합의를 과제 중심으로 매우 구체적으로 작성을 하고 매 분기마다 코칭도 해서 직원들이 성과관리를 하는데 내 외부적으로 어려움이 있을 경우, 그 장애물을 같이 헤쳐 나가는 방식으로 진행할 겁니다. 평가도 더 이상 줄 세우기식 상대평가가 아니라, 목표달성여부를 기준으로 절대평가를 할 거고요. 그리고 또 중요한 점은 이제 본부단위 평가로 등급이 최종결정 될 겁니다. 그러니 더 이상은 평가등급 확정을 위해 본부장님들끼리 신경전 하실 일은 없을 거예요."

본부단위로 평가등급을 확정한다는 데에는 모두 찬성하는 분위기였지만, 절대평가라는 말에 이진구 본부장이 펄쩍 뛰었다.

"대표님, 절대평가는 안 됩니다. 아시잖아요. 지금도 팀장들 간에 서로 제 식구 감싸기가 심한데 절대평가 하면 무조건 다 100점 줄걸요?"

"그러니 목표합의를 과제 중심으로 구체적으로 해야죠!! 예를 들어 생산팀 대리에게 불량률 감소를 추진과제로 주고 세부추진계획을 불량 발생 원인 분석, 원인별 대처방안 마련, 품질 개선방안 마련, 불량률 체크방식 개선 등 구체적으로 세우면 하나하나 근거가 필요하기 때문에 맘대로 높은 점수를 줄 수가 없게 되는 거죠!"

장승준 대표가 설명을 덧붙이자 본부장들은 속이 부글부글했지만 일단 잠자코 있었다. 마치 본부장들의 속마음을 들여다보기라도 한 듯 이정원 과장이 희망의 메시지를 던졌다.

"물론 이렇게 되면 목표합의하시랴, 코칭하시랴 여기 계신 본부장님, 팀장님들의 업무가 많아지실 거예요. 하지만 이로 인해 각 팀과 본부의 성과가 좋아지고 직원들도 공정하게 평가를 받는다는 생각이 든다면 결과적으로 회사가 잘되고 그 열매는 여러분에게 보상으로 돌아갈 겁니다."

리더들이 놓치기 쉬운 HR 상식

• 왜 항상 직원들은 인사평가결과가 공정하지 못하다고 느낄까요?
- **상대평가에 따른 등급배분** 평가등급을 배분율에 따라 부여하다보니 실제 성과와 다르게 끼워맞추기식 등급이 부여 됨.
- **비현실적 목표합의** 해당 직원의 성과로 볼 수 없는 비현실적 목표를 정해놓다 보니 객관적 평가가 어려움.
- **코칭과정의 생략** 성과관리를 위한 수시코칭을 하지 않다보니 인사평가를 단순히 보상차등을 위한 수단으로 생각해 거부감이 커짐.
- **성의없는 피드백** 1차 평가자가 피드백을 형식적으로 하거나 인사팀 또는 상급자에게 책임을 돌리는 식으로 피드백을 하다보니 평가에 대한 신뢰를 잃게 됨.

- 생산팀 성과 관리 -

장승준 대표는 이진구 본부장에게 생산팀 성과 관리에 대한 얘기를 이어서 꺼냈다.

"이 본부장님... 좀... 어려운 과제일 수 있는데요... 생산팀 오퍼레이터들에 대해서도 최소한의 성과관리를 하려고 합니다. 내용은 크게 2가지입니다. 첫째는 매년 1호봉씩 상승하는 오퍼레이터들에 대해 성과 평가를 통해 A, B, C 3등급으로 평가를 한 후 A등급은 2호봉, B등급은 1호봉, C등급은 호봉인상이 없도록 차등인상을 하는 겁니다. 다만, 사무직과 동일하게 절대평가를 할 것이므로 등급별 인원비율은 없습니다. A, C등급이 아무도 없을 수도 있는 거죠. 하지만, 적당히 다 B등급 주고 넘어갈 수 없도록 제가 본부장님과 생산팀장에게 개인별 성과결과에 대해 철저히 따져 물을 겁니다."

이진구 본부장과 문현식 팀장은 얘기를 듣자마자 이를 오퍼레이터들에게 설명할 생각을 하니 머리가 지끈지끈 아팠다.

"그리고... 지금까지는 조장도 특별한 자격기준 없이 그냥 근속이 가장 오래된 선임이 순차적으로 조장이 되었는데 앞으로는 조장 자격기준을 마련해서 그 기준을 갖춘 사람만 조장이 될 수 있도록 하겠습니다. 자격기준은 이 본부장님과 문 팀장이 이번 달 말까지 마련해서 보고하시기 바랍니다."

문현식 팀장은 가슴 속 깊은 곳에서 탄식이 새어 나왔다. 답답하기는 이진구 본부장도 마찬가지였다.

"저기... 대표님~ 물론 맞는 말씀이고 오퍼레이터들도 언제까지 좋은 게 좋은 거라고 아무 차등 없이 갈 수는 없겠지만... 생산을 잘하기 위해서는 무엇보다 협업이 중요합니다. 성과차등이 들어가는 순간 제일 중요한 협업이 깨질 수 있어요!"

이진구 본부장이 단호한 어투로 반기를 들었지만 장승준 대표는 눈 하나 깜짝하지 않았다.

"본부장님... 저는 사무직도 그렇고 생산직도 그렇고 잘하는 사람, 못하는 사람 편 가르기 하자는 게 아닙니다. 최소한의 본분을 지키고 수행하자는 겁니다. 그리고 협업이 그렇게 중요하면 협업을 평가등급과 조장 자격기준의 가장 큰 부분으로 선정하면 되는 거죠!"

이쯤 되자 이진구 본부장과 문현식 팀장도 더 이상 반박을 하지 않았다. 천안으로 내려오는 기차 안에서 이진구 본부장과 문현식 팀장은 오퍼레이터들에게 이 사실을 어떻게 알리는 것이 제일 불만이 없을 지 전략을 짜기 시작했다.

'조장들을 통해 알리는 것이 나을까? 전 직원에게 직접 설명회를 하는 게 나을까? 평가등급은 뭘 기준으로 정하지? 뭐 생산 공정 개선 아이디어 내면 A등급 주고 반대로 실수로 설비를 고장 내거나 라인을 멈추는 실수해야만 C등급을 줄 수 있는 건가? A, C등급은 동일한 인원 수로 정해야 할까? 막상 C등급은 없다고 하고 A등급만 정하면 승인 안 해주는 거 아냐? 그리고... 또 조장 자격기준은 뭐로 하지? 기본적으로 근속과 직무는 포함되어야 할 것 같고, 리더십도 참 중요한 요소인데... 그건 어떻게 기준을 마련하지? 지금 조장들도 소급해서 기준을 적용해야 하나?' 등등 막상 직원들에게 설명하려니 신경 써야 할 부분이 한두 가지가 아니었다.

결국 생산직 전원을 모아서 설명회를 열기로 하고 다음날 교대시간인 오후 2시에 공장 작업실에 OFF조 인원들까지 가능한 직원은 모두 모이라고 공지를 했다. 교대시간이 다가오자, 오후조 근무자들과 OFF조 인원들이 하나 둘 작업실로 들어왔다. 생산라인이 멈추는 Emergency 상황을 제외하고 설명회 때문에 OFF조 인원까지 모두 모인 것은 처음이다. 다들 어리둥절한 표정이었다. 이진구 본부장이 카리스마 있게 말을 시작했다.

"다들 모였나! 뭔 일인가 싶지? OFF조 까지 다 오라고 하고... 게다가 본부장이 직접 나와서 설명회를 하니까 놀랐을 거 같네. 설비 에러는 아니니까 걱정하지 말고. 혹시 너무 놀라 급하게 택시타고 온 사람 있으면 말해! 내가 택시비 줄게! 모범택시비로!!"

이진구 본부장이 시답지 않은 농담까지 했지만 분위기는 계속 차가웠다.

"그럼 바로 본론으로 들어갈게요. 대표님께서 생산직 평가 관련해서 두 가지 제안을 하셨는데 첫째는 생산직도 A, B, C로 평가등급을 나누어 A등급은 2호봉, C등급은 호봉동결을 하겠다는 거고, 둘째는 조장 자격제도를 도입하겠다는 겁니다. 평가는 절대평가이기 때문에 객관적으로 공적이 있거나 사고유발, 근태불량 등 명백한 과오가 있는 경우에 한해 A, C등급을 받게 될 겁니다. 조장 자격제도도 최소한의 기준을 마련하자는 거니까 크게 부담 가질 필요는 없을 거고요."

이진구 본부장은 갑자기 존댓말을 함으로써 발언에 무게감을 실었다. 몇 가지 세부안에 대한 질의응답이 오간 후, 정적이 흘렀고 이렇게 큰 반발 없이 설명회가 마무리 되나 싶은 순간 감성준 조장이 손을 번쩍 들었다.

"본부장님! 솔직히 이건 좀 아니지 않습니까? 지금까지 동일하게 호봉인상 한다고 저희가 뭐 일을 게을리 하거나 그랬나요? 그리고 조장을 근속 년차에 따라 순서대로 한다고 해서 사고치거나 문제 일으키는 조장 있었나요?"

감성준 조장이 손짓까지 섞어가며 항의성 발언을 하자 이진구 본부장도 꾹꾹 참아두었던 감정이 올라왔다.

"감 조장! 내가 조용히 넘어가려고 했는데 말이 나온 김에 해야겠네. 지난달에만 해도 오후조가 제 때 교대를 안 해줘서 30분이나 오전조가 기다리다 퇴근한 적이 2번이나 있었지! 그 때 감 조장이 오후조에 대해 얼마나 투덜거렸나! 그리고 라인에서도 하루에 몇 번씩 생산속도를 못 쫓아가서 다른 라인 직원들에게 피해를 줘서 가 봤더니 핸드폰을 라인 앞에 세워두고 축구중계를 보면서 일하고 있었다고 어이없어 하지 않았나! 이런데도 아무 문제없다고 할 수 있겠어?"

"아니... 뭐 일부 몇 명이 그런 다는 거였죠..."

"그래~ 원래 미꾸라지 한마리가 개울물을 흐리는 법이야! 그리고 조장들도 그래! 조원들 면담하면 꼭 나오는 말이 팀장 퇴근하고 나면 왕노릇하는 조장들이 꼭 있다고... 그리고 오후조 끝나면 오후 10시인데 정리하고 식당가서 새벽까지 술 먹게 만드는 조장이 있다고! 이런데도 조장 자격심사가 불필요하다는 건가?"

"아니... 뭐... 그렇게 까지 말씀하시면야..."

불만이 가득했지만, 더 이상 얘기해야 의미가 없다고 판단한 감성준 조장은 입을 닫았다.

그 날 저녁 오후조는 근무를 마치고 인근 호프집에 모여 대책을 모의하는 시간을 가졌다. 이 자리에는 오전조와 OFF조 조장들도 함께 했다. 먼저 오후조 조장인 감성준 조장이 말을 꺼냈다.

"오늘 다 같이 본부장님 말씀을 들어서 아시겠지만, 이건 좀 너무하지 않습니까? 평가 제도를 새로 만들고 조장 자격심사를 이런 식으로 갑자기 적용하는 법이 어디 있어요? 한마디 상의도 없이!!"

OFF조 조장이 심각한 표정으로 한마디 했다.

"솔직히 우리가 너무 순순히 따르니까 이래도 된다고 보는 거 같아요. 가만히 있으니까 가마니로 보는 거죠. 우리도 노동조합을 만듭시다. 그래야 대표님이나 본부장님도 우리 의견을 무시하지 못할 거예요. 어떠세요? 감 조장님?"

갑작스런 노조설립 발언에 당황스러웠지만, 감성준 조장도 그 방법이 제일 효과적일 거라는 생각이 들었다.

"인사평가! 불합리하다고 느끼는 이유"

항목	비율
인사평가제도가 허술하고 미흡해서	36.0%
인맥 위주의 주관적인 평가여서	34.7%
매년 같은 방식으로만 진행 돼서	30.7%
직군, 업무별 평가에 차이가 없어서	21.3%
제도에 만족하는 직원이 적어서	20.0%

인사평가제도 운영하는 회사에 재직 중인 직장인 372명 대상(복수응답) / 잡코리아

"좋습니다. 까짓것 뭐, 한 번 저질러 보죠. 제가 총대를 메겠습니다."

이렇게 생산직 평가제도 신설에 대한 대책 모의자리는 한 병 한 병 쌓여가는 술병과 더불어 새로운 국면으로 흘러갔다.

– New 평가제도와 승진자 결정 –

경영지원팀에서는 본부별로 올라온 평가결과를 취합하느라 정신이 없었다. 그런데 희한한 현상이 나타났다. 올해부터 본부단위로 평가등급이 확정되는 것으로 평가방식을 개선해서 그런지, 작년에 비해 팀장이 하는 1차 평가점수는 예년과 비슷했으나, 본부장이 하는 2차 평가점수가 예년보다 전체적으로 낮았다. 특히 영업본부는 전년보다 평균 10점 이상 낮을 정도로 현격히 평균점수가 떨어져 있었다. 그리고 본부 내

개인별 평가점수 차이도 예년에 비해 눈에 띄게 커졌다. 다시 말해, 타 본부와 비교 서열화를 하던 작년까지와 달리 본부장들이 눈치 보지 않고 소신 있게 평가했음을 알 수 있었다. 순서에 따라 평가결과 취합이 끝나고 장승준 대표가 최종 확정을 하였다. 그리고 이틀 후 평가결과를 바탕으로 승진자를 결정하는 날이 되었다. 문제는 승진자 결정은 승진기준(직급년차, 평가점수)을 채운 직원에 한해 전사적으로 직급별 승진심사를 해야 하므로 본부 간 경쟁을 할 수 밖에 없다는 점이었다.

승진심사일이 되어 대표실에 장승준 대표와 각 본부장들, 경영지원팀장이 모였다. 올해 승진심사대상은 경영지원팀 1명, 영업본부 2명, 생산본부 2명으로 총 5명이었다. 각 본부장들은 자기 본부직원을 승진시키기 위해 대상자들의 공적서를 근거가 될 수 있는 백데이터까지 한 가득 준비해서 가져왔다. 한근녹 팀장은 먼저 승진대상자들을 전체적으로 나열한 후 한 명 한 명 공적과 함께 승진여부를 결정하도록 진행을 하였다. 승진인원에 대한 T/O가 있는 것이 아니므로, 개인별 성과와 역량을 보고 결정하시라는 당부도 잊지 않았다. 하지만, 본부장들은 그 말을 믿지 않았다. 왜냐하면 매년 탈락자가 있었기 때문이다.

먼저 경영지원팀 회계담당 곽 사원에 대한 심사가 진행되었다. 곽 사원은 입사 3년차로 회계담당으로서 큰 누락 없이 업무처리를 잘 해왔고, 사원은 웬만하면 승진심사를 통과하는 관행에 따라 별다른 이견 없이 대리승진이 확정되었다. 생산팀 최 사원 역시 동일한 사유로 대리승진에 이의를 다는 사람은 없었다. 문제는 이제부터였다. 영업본부의 영업팀 김 대리, 상품개발팀 임 대리와 생산본부 물류팀 최 대리가 모두 대리4년차로 이번에 과장승진 대상이었다. 이진구 본부장은 영업본부와 생산본부의 과장 승진대상자가 2:1로 나뉘어 있으므로 당연히 탈락자가 있다면 영업본부에서 나올 거라는 자신감을 가지고 먼저 치고 나갔다.

"대표님, 물류팀 최 대리는 재작년에 구매과장이 퇴사한 이후 충원이 되지 않은 상황에서 실질적으로 1인 2역을 하고 있는 물류팀 에이스입니다. 작년에 쿠션원단 구매가격도 5% 낮게 계약을 해서 원가절감에 지대한 역할을 했습니다."

엄진근 본부장도 질 세라 나섰다.

"영업팀 김 대리는 작년에 신규 K마트 입점을 따낸 인재 중의 인재입니다. K마트 입점으로 마미홈 매출이 7%이상 상승한 건 다 아시죠?"

양 본부장의 얘기를 듣던 장승준 대표는 상품개발팀 임 대리에 대해서도 물었다.

"임 대리도 승진되어야죠… 야근도 많이 하고 팀 내에 번거로운 업무도 희생적으로 열심히 하고요…"

흠… 누가 봐도 엄진근 본부장은 김 대리를 밀고 있다는 것이 눈에 보였다. 하지만 장승준 대표는 이미 과장 승진대상자들에 대한 파악이 끝난 상황이었다. 영업팀 김 대리는 오프라인 영업담당이지만 최근 3년간 신규 영업을 따낸 실적이 미미했다. K마트는 실질적으로 영업팀장이 따낸 것이므로 김 대리 실적으로 볼 수가 없었다. 게다가 협업도

"성과 높은 직원의 공통된 특징"

특징	비율
직무 전문역량이 뛰어나다.	45.9%
계속 공부(자기계발)한다.	45.5%
일 할 때 시간관리를 철저히	35.1%
구체적인 업무 목표를 세운다.	32.9%
동료들과 도움을 주고받는다.	25.7%
친화적 성격으로 호감도가 높다.	18.1%

직장인 870명 대상 / 잡코리아

잘 안되어 영업팀 입장만 고려하여 생산기한을 타이트하게 잡는 바람에 생산팀과 품질팀에서는 김 대리에 대한 평이 좋지 않았다. 반면에 상품개발팀 임 대리는 상품개발팀장이 바뀐 후에 Seri강 팀장이 적응하는 과정에서 실질적 팀장의 역할까지 했을 정도로 역량이 뛰어났다.

성격이 친절하고 배려가 많은 스타일이라 팀 내 출장비 처리, 전표처리 등 누군가는 해야 하지만 모두가 귀찮아하는 일을 도맡아 처리하고 있었다. 이에 장승준 대표는 최종적으로 상품개발팀 임 대리와 물류팀 최 대리를 과장 승진자로 확정하며 승진심사를 마쳤다. 이틀 후 승진자 발표가 게시판을 통해 공고되었다.

- 루머의 루머 -

영업팀 김 대리와의 승진자 피드백 자리에서 엄진근 본부장은 본인의 책임을 회피하기 위해 장승준 대표 핑계를 댔다.

"나는 김 대리를 추천했는데 대표님이 임은정 대리를 적극적으로 미는 거야. 김 대리, 이번엔 아쉽게 됐어."

김 대리는 동료들과의 술자리에서 이 이야기를 약간의 욕설을 섞어가며 안주거리로 삼아 털어났다. 그 과정에서 술자리에 같이 있던 영업팀 정 과장이 본인이 몇 달 전에 장승준 대표가 저녁 회식 후에 임은정 대리를 차에 태워 데려다 주는 광경을 목격했다며 아무래도 대표님이 다른 직원들 보다 임은정 대리를 특별히 아끼는 것 같다는 근거 없는 루머를 퍼트렸다. 루머는 루머를 낳아 눈덩이처럼 부풀려졌다. 결국 장 대표와 임은정 대리가 사귀고 있고 이번 승진도 그 때문이라는 엉뚱한 내용으로 변질되고 말았다.

임은정 대리, 아니 임은정 과장은 아무 것도 모른 채 승진의 기쁨에 전보다 더욱 열심히 업무에 매진하고 있었다. 그러던 어느 날 Seri강 팀장은 여느 때와 같이 오후 4시가 되자 휴게실에서 커피타임을 가졌다. 우연히 커피를 마시러 온 임은정 과장을 향해 손짓했다. 임은정 과장이 옆자리에 앉자마자 절~대로 하지 말았어야 할 폭탄발언을 터트리고 말았다.

"임 과장~ 과장 되니까 어때? 좋아?"

"아... 네... 뭐..."

한국적 정서가 깊게 몸에 밴 임 과장이 쑥스러움과 겸손함에 머뭇거리자, Seri강 팀장이 본론으로 들어갔다.

"요즘... 장 대표님하고는 잘 지내? 대표님과 연애 중이라며~ 이러다가 사모님 되시는 거 아냐?"

"네? 아니 무슨 말씀이세요? 제가 대표님과 연애를 한다고요?"

임은정 과장이 펄쩍 뛰며 부인하자, Seri강 팀장은 결정타를 날렸다.

"에이~ 회식하고 차도 같이 타고 다니고 연애 중이라며? 그 덕에 과장된 거면서 모른 척은 ~ 근데 이런 일은 America에서는 상상도 못하는 일이야. 알지? 거기는 완전히 능력 중심인 거~."

이 말을 듣는 순간 임은정 과장은 온 몸이 얼어붙는 느낌이었다. 심지어 말도 안 나왔다. 그러고 보니 요 며칠 자기를 대하는 직원들의 행동이 이해가 가기 시작했다. 뭔가 수군거리다 자기가 화장실에 들어가면 얼른 눈치를 보며 자리를 피하는 모습, 복도에서 지나치며 자기를 힐끔거리고, 지나치고 나서는 큭큭 웃음소리를 내었던 모습, 점심식사를 하며 '임 과장 좋겠어~', '임 과장 드라마 주인공 같아' 라며 비아냥거리는 투로 알아듣지 못할 말을 하던 모습이 무슨 뜻인지 이제야 이해가 갔다. 자기를 '대표님의 애인'으로 생각하며 행동한 것이라는 것을 깨닫자 모멸감과 수치심에 얼굴이 벌겋게 달아오르고 심장이 미친 듯이 뛰기 시작했다.

도저히 앉아 있을 수가 없어 임은정 과장은 Seri강 팀장에게 인사도 하지 않고 벌떡 일어나 건물 옥상으로 올라가 호흡을 가다듬었다. 머리가 너무 혼란스럽고 몸에 열이 올라 정신이 아득해질 정도였다. 그 순간 시선이 건물 아래쪽을 향했고 무의식적으로 건물의 가장자리 쪽으로 발걸음을 옮겼다. 그 때 담배 피러 올라 온 영업팀 직원의 웅성거림이 들렸다. 정신을 차린 임은정 과장은 빠른 걸음으로 자리로 돌아왔다. 곧바로 회사 고충처리 게시판에 글을 쓰기 시작했다. '저 억울합니다'라는 제목으로 익명 게시판에 본인의 억울함을 한 치의 망설임도 없이 써 내려갔다.

며칠 후 이 글을 읽은 고충처리 담당이 장승준 대표에게 내용을 보고하였고 이를 확인한 장승준 대표는 전 직원에게 '본인은 현재 아무하고도 연애를 하고 있지 않으며, 본인의 사적인 생활에 너무 관심을 갖지 말아 달라'는 내용의 공지글을 올렸다. 또한, '모든 인사평가와 승진절차는 철저히 업무역량과 성과를 기준으로 이루어졌다'는 내용도 덧붙였다. 장승준 대표의 적극적인 해명글로 인해 임은정 과장에 대한 루머는 사라졌지만, 그녀의 가슴 속에 깊게 난 상처와 동료들에 대한 실망감은 쉽게 사라질 것 같지 않았다.

"직장 내에서 루머에 시달려 본 경험이 있습니까?"

있다.
47.9%

VS

없다.
52.1%

직장인 922명 대상 / 취업포털 커리어

"직장 내 루머 때문에 직장을 그만둔 적이 있습니까?

있다.
26.9%

VS

없다.
73.1%

직장인 442명 대상 / 취업포털 커리어

"루머에 시달릴 경우 어떤 방식으로 대처하고 있습니까?"

모르는 척 반응하지 않는다.	53.6%
사람들에게 적극적으로 해명한다.	16.5%
소문의 근원을 추적해 진실을 밝혀낸다.	16.1%
야근, 휴일근무 등으로 더 열심히 일하며 실력으로 승부한다.	12.9%
기타	0.9%

직장인 442명 대상 / 잡코리아

"직장에서 시달렸던 루머의 내용은 무엇입니까?"

사내 연애 등 이성관계	42.5%
개인의 성격, 행동 등	32.4%
퇴사·이직	27.6%
낙하산 등 부정채용	11.8%
가정사	11.3%
공금횡령 등 사내 비리	7.2%
기타	0.7%

직장인 509명 대상, 복수응답 / 잡코리아

- 평가 피드백 -

한편 각 부서에서는 평가절차의 마지막인 평가피드백이 한창 진행 중이었다. 올해는 예년과 달리 피드백에 대한 1차 평가자의 책임을 강화하기 위해 피드백 보고서를 제출하도록 했다. 피드백 보고서에는 언제, 어디서, 어떤 내용으로 피드백을 했고 피평가자의 반응이 어떠했는지까지 적도록 하였다. 사실 평가에 대한 피드백은 평가에 있어서 목표합의와 더불어 가장 중요한 절차인데 대부분 불편하고 어렵다는 이유로 피하거나, 하더라도 대충하는 경우가 많았다. 이런 성의 없는 피드백이 결국 평가에 대한 불만을 키운다는 점은 분명했다. 하지만 막상 피드백을 하는 과정에서 1차 평가자인 본부장과 팀장들은 여러 난관에 부딪혔다. 영업팀의 경우, 가장 큰 목표가 '전년대비 매출 10% 인상'인데 올해 매출이 전년 대비 30%나 인상되어 모두가 목표를 충족시키고도 남은 상태에서 평가를 하다 보니, 저평가를 받은 직원들에게 피드백하기가 난감했다. 이럴 때 주로 하는 핑계가 바로 '나는 잘 줬는데 경영지원팀에서 취합하면서 변경된 거 같다'라는 식의 경영지원팀 탓으로 돌리기다.

하지만, 올해는 피드백 보고서를 작성하다 보니 그마저도 어려웠다. 결국 평가자들은 '각각의 피평가자들에게 맞는, 다시 말해 정말 그 피평가자가 해야 하는 목표를 정해야겠다'는 생각을 하게 되었다. 사실 이번 평가피드백 강조의 목적도 이것이었다. 평가자들이 목표합의의 중요성을 깨닫게 하는 것!

또 하나의 피드백 난관은 저성과자들에 대한 코칭이었다. 저성과의
이유는 보통 3가지다.

리더들이 놓치기 쉬운 HR 상식

• 저성과자들의 저성과 원인과 피드백

1. 의지가 없어서 불성실하거나 꼼꼼하지 않아 실수를 한 경우

	원인	피드백
1	직무적합성이 현저히 떨어지는 경우	직무변경을 심각하게 고려
2	의지부족	적절한 수준의 질책이 필요

2. 업무역량이 부족해서 잘하고 싶어도 할 수가 없는 경우

	원인	피드백
1	업무수행방법을 모르는 경우	멘토를 선정해 업무내용 및 절차 등에 대해 자세히 알려준다.
2	업무지식이 부족한 경우	과제를 부여하거나 외부교육 등을 통해 관련 지식을 습득하게 해준다.

3. 회사 내외부의 환경으로 인해 성과를 낼 수 없는 경우

원인	피드백
성과를 방해하는 내외부 환경은 다양하다. 실질적으로 직원들이 성과를 달성하지 못하는 가장 큰 이유이자 평가의 수용성을 떨어트린다.	성과코칭

1. 의지가 없어서 불성실하거나 꼼꼼하지 않아 실수를 한 경우

2. 업무역량이 부족해서 잘하고 싶어도 할 수가 없는 경우

3. 회사 내외부의 환경으로 인해 성과를 낼 수 없는 경우

1번의 경우, 그 원인을 2가지로 나눌 수 있다. 하나는 직무적합성이 현저히 떨어지는 경우다. 정말 직무와 적성이나 역량이 안 맞는 직원이라면 직무변경을 심각하게 고려해 보아야 한다. 그 다음은 의지부족이다. 의지가 부족하게 된 데에는 사람의 성향, 매너리즘 등 여러 가지 원인이 있지만 이 때는 적절한 수준의 질책이 필요하다.

2번의 경우, 정말 의지를 가지고 잘하고 싶어도 능력이 부족한 경우이므로 업무수행 방법을 모르는 경우에는 멘토를 선정해 주어 알려주게 하고, 업무지식이 부족한 경우 과제를 부여하거나 외부교육 등을 통해 관련 지식을 습득하게 해주어야 한다.

3번의 경우가 실질적으로 직원들이 성과를 달성하지 못하는 가장 큰 이유이자 평가의 수용성을 떨어트리는 원인이다. 성과를 방해하는 내외부 환경은 다양하다. 타부서가 업무협조를 안하는 경우, 시스템 등 업무를 수행할 인프라가 부족한 경우, 상급자가 성과목표와는 다른 업무를 지속적으로 부여하는 경우 등 회사 내부적인 원인부터 원청사인 거래처가 납품기한을 너무 타이트하게 잡거나, 납품단가를 너무 깎아서 도저히 성과를 달성할 수 없는 경우 등 회사 외부적인 원인까지 다 열거할 수 없을 정도로 많다.

이럴 때 필요한 것이 바로 성과코칭이다. 피평가자가 코칭을 통해 평가자에게 본인이 성과를 달성하는 데 장애물이 되는 내, 외부 환경요인들을 낱낱이 밝히고 이에 대해 평가자는 본인 선에서 해결할 수 있는 부분은 해결하고, 본인도 해결할 수 없는 사항은 상급자, 심지어 대표이사에게까지 보고하여 그 장애물을 처리하도록 노력을 해야 하는 것이다. 이런 과정을 통해 장애물이 하나 둘 해결되면 성과가 개선되고 설령 장애물이 해결되지 않는다 하더라도 그 과정을 통해 모든 상급자들이 그 장애물을 인식하게 되므로 해당 직원을 평가하는 데 공정성을 갖출 수 있는 것이다.

장승준 대표는 뿌듯했다. 이번 평가피드백 과정을 통해 대부분의 리

리더들이 놓치기 쉬운 HR 상식

- 인사평가의 수용성을 높이려면 어떻게 해야 할까요?
  - **절대평가 실시** : 평가등급은 단순화하고 명확한 근거가 있는 직원만 차등등급 부여(대부분의 직원은 중간등급 부여를 통해 협업유지와 평가공정성 확보 가능).
  - **과제중심의 맞춤형 목표합의** : 대리, 과장 등 해당 직원의 성과로 볼 수 있는 과제를 부여함으로써 팀성과와의 혼동방지.
  - **정기적 코칭 실시** : 직원이 성과를 달성하는 이유를 팀장이 같이 고민하고 해결해 주는 과정을 통해 성과달성율과 평가수용성을 높일 수 있음.
  - **1차 평가자 존중** : 1차 평가자가 책임감을 가지고 성실하게 피드백을 할 수 있도록 2, 3차 평가자의 평가결과 변경권을 제한해야 함.

더들이 목표합의의 중요성을 깨닫고 올해부터는 평가시즌에만 관심을 갖는 것이 아니라 업무를 수행하는 중간, 중간 코칭을 통해 성과관리를 제대로 해야겠다고 느꼈기 때문이다.

"그래, 이제 시작이다."

장승준 대표는 달리는 말에 올라탄 것처럼 지금까지와는 확연히 다른 속도로 우리 마미홈이 성장할 것이라는 느낌을 받고 주먹을 불끈 쥐었다.

소통하는 회사문화 만들기

06

우리의
얘기를
들어 주세요~!!!

– 폭탄 선언 : 노조를 만들겠습니다 –

생산직 평가제도 도입의 후유증으로 생산조장들과 대립각을 세우게 된 이진구 본부장이 쌀쌀한 겨울 새벽하늘을 보며 한숨을 길게 내쉬었다. 사회생활은 벌써 30년이 다 되어 가고 마미홈의 창립멤버인데... 직원들에게 신임 받지 못하고 반발이 더해지는 것이 못내 서운했다. 10년 전에 독하게 끊은 담배 생각이 절로 났다. 그때 감성준 조장이 노크와 함께 사무실 안으로 들어왔다.

"저 본부장님께 꼭 드릴 말씀이 있어서 왔습니다."

"어, 감 조장 무슨 일이야?"

이진구 본부장은 불안함을 감추고 감성준 조장의 말에 귀를 기울였다.

"지난 번 인사평가 때 도입하신 호봉 차등인상제와 조장 자격 제도를 취소해 주시기 바랍니다."

이미 설명회를 갖고 결정한 사항인데 또 다시 반발이다. 이진구 본부장은 한숨부터 나왔다.

"에휴, 감성준 조장, 이미 끝난 얘기를 가지고 왜 또 그래? 자네는 이해를 해줘야지. 서로 더 잘 해보자고 하는 거잖나."

"서로 잘해보자고요? 직원들 중에 거기에 동조하는 사람이 없는데 어떻게 서로 잘해보자는 건가요? 제가 다른 조장들과도 얘기해 봤는데 생산조원 대부분 반대가 심합니다."

"감 조장, 이제 시대가 변하고 있어. 우리 공장 생산직들도 좀 더 경쟁력을 갖추기 위해 노력하고 힘쓰지 않으면 뒤쳐질 수밖에 없다고!"

"아니 본부장님 보시기에는 저희가 아무 노력도 안하고 전문기술도 없이 건성건성 일하고 있다고 생각하시나요?"

"그런 뜻이 아니라, 평가제도와 조장 자격제도가 우리의 경쟁력을 높일 수 있는 제도라는 거지. 더 공정하고 객관적으로 공장인력을 끌고 가기 위한 불가피한 조치이기도 하고."

"네. 정 그러시다면 저희도 저희들만의 방법을 강구할 수밖에 없겠네요."

"자네들만의 방법이라니?"

"노동조합을 설립해서 조직적으로 대응 하겠습니다"

"뭐라고?"

순간 이진구 본부장은 서운함과 화가 치밀어 올랐다. 감성준 조장은 조장 중에서도 가장 나이도 많고 경력도 오래된 직원이다. 이진구 본부장은 내심 그를 아끼고 있었다. 유아용품 생산직 경력자로 회사 초창기에 입사하여 공장 건축 시에 감리역할도 하고, 매사에 적극적이다. 또 전 직장 후배들 중에 일머리가 뛰어나고 성격도 좋은 사람을 몇 명 추천해서 조원채용에도 일조를 하기도 했다. 이진구 본부장은 물론 타부서 사람들과도 좋은 관계를 유지하는 것도 감성준 조장의 강점이다. 그런 그가 갑자기 노조를 설립하겠다고 나오니 이진구 본부장은 당황스러웠다. 활발하고 일 잘하고 윗사람들에게 신임 받는 감성준 조장이지만 입사 동기나 다름없는 문현식 조장이 먼저 팀장이 된 것 때문에 비뚤어진 것이라는 생각까지 들었다. 경영진의 입장에선 문현식 조장이 생산 관련 전문지식도 뛰어나고 생산방식 및 포장재 변경 등의 아이디어를 내서 원가절감에도 혁혁한 공을 세운 게 컸다. 무엇보다 조용하지만 조원들의 고충을 듣고 합리적 해결책을 마련해 주는 덕장의 리더십으로 조원들의 신뢰가 두터웠다. 이진구 본부장은 감성준 조장이 자리욕심을 부린다는 생각까지 들자 언사가 거칠게 나왔다.

"노조를 설립해서 회사에 대응하겠다고? 그래 맘대로 해봐! 회사가 어디 그렇게 호락호락한 줄 알아? 그렇게 협박하면 내가 무서워서 '네~ 말씀하신 대로 다 하겠습니다.' 이럴 줄 알았어?"

"본부장님, 저는 본부장님을 잘 안다고 생각했는데... 그래서 이렇게 말씀드리면 마음을 열고 저희들의 입장을 헤아려 주실 줄 알았는데...

제 생각이 짧았네요. 알겠습니다. 그럼 나가보겠습니다."

감성준 조장은 찬바람이 쌩하게 불 정도로 차갑게 돌아서서 사무실을 나갔다.

이진구 본부장은 순간 움찔했다. '설마 진짜 노조를 만들지는 않겠지?' 이진구 본부장은 여느 대표나 임원들처럼 '노조생기면 회사 망한다'는 식의 아무 근거 없는 노조반대론을 가지고 있지는 않았다. 오히려 합리적인 노조가 생기면 조합원들 각자의 다양한 요구사항을 잘 정리해서 회사와 협의함으로써 그들의 고충을 해소하고 이를 통해 직원들은 동기부여 되어서 업무에 매진하고 이는 결국 회사 실적에도 도움이 될 수 있다고 생각하고 있었다. 그러나 노조가 생긴다는 건 결국 직원들 간에 뭔가 경영진과 소통이 안 되고 있다는 걸 의미하고 직원 개개인이 해결할 수 없는 공통된 불만을 해소하기 위해 조직적으로 대응

필수 노무 개념 바로 알기

- **노동조합이란?**
근로자들이 자주적으로 단결하여 근로조건의 유지, 개선 기타 노동자의 경제적, 사회적 지위의 향상을 도모하기 위한 단체임.

- **직원들이 노동조합을 설립하겠다는데, 어떻게 대응해야 할까요?**
아무 이유 없이 생기는 노동조합은 없습니다. 대부분 경영진 또는 팀장과의 소통부재가 원인이므로 우선 설립을 주도한 직원들과 경영진과의 대화시간을 가지세요. 그리고 노사협의회 등 소통창구를 통해 최대한 진정성 있는 대화를 시작하는 것이 최선입니다.

할 단체를 만들겠다는 뜻이다. 다시 말해, 생산본부에 노조가 생긴다는 건 생산본부장이 리더십이 부족하고 직원들과 소통을 제대로 하지 않았다는 걸 말한다. 즉 본부장인 자신의 무능을 입증하는 게 '노조설립'인 것만 같아 이러한 사태는 막아야겠다고 생각했다. 아무리 자신이 창업멤버라 할지라도 나이도 회사에서 제일 많고 연봉도 Top 3안에 들만큼 높은 점을 감안하면 요즘 말로 '임시직원의 준 말인 임원'의 목숨은 언제든 날아갈 수 있다고 생각했다.

– 막으려는 자 VS 만들려는 자 –

이진구 본부장은 그 날 오후 바로 팀장회의를 소집했다. 생산팀장, 물류팀장, 품질팀장이 점심 먹은 게 다 소화되기도 전에 긴급회의라는 말에 헐레벌떡 본부장실로 모여들었다. 이진구 본부장은 팀장들이 다 모이자 곧바로 회의를 시작했다.

"긴급회의를 소집한 건 다름이 아니라 오늘 아침에 감 조장이 와서는 대뜸 지난 번 평가제도 도입안을 취소하지 않으면 노조를 만들겠다고 해서 말이야…"

"네? 감 조장이요? 노조를 만든다고요?"

제일 놀란 건 당연히 문현식 팀장이었다. 생산팀을 이끄는 리더로서 직감적으로 노조가 생기면 자신의 리더십 문제가 거론될 걸 알았다. 물류팀장인 이승식 팀장과 품질팀장인 안호근 팀장 역시 놀라긴 마찬가지였다. 이진구 본부장은 단호한 어조로 강하게 말했다.

"어. 오늘 아침에 내 사무실에 와서 직접 그렇게 말했다니까! 그러니까 당장 팀원들 모아놓고 노조 가입이니 이런 거 못하도록 단단히 교육시켜! 노조 생기면 다 우리들이 직원관리 똑바로 못한 탓으로 돌아오는 거 알지?"

"네, 알겠습니다."

한편 감성준 조장은 자신이 속한 C조 조원들을 모아 놓고 설득을 하고 있었다.

"오늘 아침에 본부장님 만나서 평가제도 도입 건 취소해달라고 말씀드렸는데, 귓등으로도 안 들으시더라고! 이런 식으로 또 포기하고 별일 아닌 듯 넘어가면 경영진들이 우리를 우습게보고 앞으로는 더 강력하게 우리를 압박할 거라고!"

"네. 그럼 어떻게 해야 되죠?"

조원들이 물었다.

"조직적으로 대응하려면 노조를 만들어야지! 근데 우리들만으로는 안되고 A조, B조 조원들하고 물류팀, 품질팀 팀원들도 다 같이 뜻을 모아야 돼. 그래야 회사에서도 부담을 갖지."

가만히 듣고 있던 조원들은 감성준 조장의 말이 이해가면서도 막상 노조를 만들자는 말에는 선뜻 동의하기가 어려웠다.

"노조 그거는 아무나 하는 건가요? 그리고 괜히 노조 만들고 했다가 회사에서 찍히면 어떡해요? 저는 부담스러워요."

감성준 조장은 조원들의 불안함이 이해되면서도 그저 자기 안위만 생각하는 모습이 이기적으로 보였다.

"뭐, 그런 마음도 이해 안 되는 건 아닌데, 이럴 때 힘을 합쳐야 우리 스스로 우리의 처우를 바꿔 나갈 수 있는 거라고!"

조금씩 흔들리는 조원들의 눈빛을 보면서 감성준 조장은 '처음이 힘들지 한두 명만 나서주면 쉽게 끌어갈 수 있겠구나' 하는 자신감이 생겼다. 이에 바로 OFF조인 A조와 야간조인 B조 조장에게 연락해 오늘 저녁에 만나 노조설립과 관련한 얘기를 하기로 약속을 잡았다. 저녁에 A조 조장과 B조 조장을 만난 자리에서 감성준 조장은 또 다시 설득을 했고 조장들도 조금 꺼려하기는 했지만, 오퍼레이터 선임인 감성준 조장의 눈 밖에 나면 경영진에게 찍히는 것보다 더 피곤할 거라는 걸 알기에 마지못해 동참을 약속했다.

그 다음날 아침 이승식 팀장은 물류팀원들을 모아 놓고 일장 연설을 하고 있었다.

"요즘 현장에서 이상한 소문이 들리던데... 생산팀에서 노조를 만든다고 하더만... 설마 우리 성실하고 회사 일 열심히 하는 물류팀원들 중에 그런데 휩쓸리는 직원은 없겠지?"

이승식 팀장 말에 따르면 노조에 가입하는 직원은 불성실하고 일을 열심히 안 한다는 뜻이 되었다.

"팀장님, 저희도 소문은 들어서 알고는 있는데예, 솔직히 노조 만드는 거 그 자체가 나쁜 건 아이지 않습니까? 뭐 당장 무슨 파업을 하겠다 하는 것도 아이고 우리들이 개인적으로 고충사항을 말해봐야 윗분들은 안 들어주시니까 할 수 없이 그라는 거 아입니까?"

부산이 고향인 팀원이 '이건 아니다' 싶었는지 부산 싸나이답게 소신 있게 말했다.

"자네까지 왜 그래! 그래 봐야 우리한테 좋은 게 뭐가 있다고 그래. 그리고 내가 자네들 뭐 힘들다고 할 때 무시하고 그런 적 있어? 내 나름대로는 열심히 들어 줬다고 생각하는데?"

소심한 이승식 팀장은 팀원이 강하게 나오자 또 다시 움찔하여 바로 사정모드로 들어갔다. 이승식 팀장은 팀원들과의 면담자리를 마친 후 심각성을 알리기 위해 본부장실로 찾아갔다.

마침 문현식 팀장과 안호근 팀장도 모두 모여 있었다. 이승식 팀장이 팀원들과의 대화 내용 및 분위기를 알리자, 다른 팀장들도 심각성에 공감하며 모두 비슷한 상황임을 알렸다. 이진구 본부장은 강압적으로 눌러서 일을 무마하려고 했던 자신이 한탄스러웠다. 이미 자기 선에서 무마할 수 있는 상황이 아님을 깨달았다. 서둘러 팀장들을 돌려보낸 후, 장승준 대표에게 전화를 걸었다.

"대표님, 접니다. 요 며칠 사이 공장 상황이 심각하게 돌아가고 있어서 말씀 드리려고 전화 드렸습니다."

"네? 아니... 무슨 사고라도 난 건가요?"

"아니요, 사고는 아니고... 저번에 오퍼레이터 평가제도 도입한다고 한 이후로 공장 직원들 사이에 반감이 생긴 것 같습니다. 얼마 전에 감성준 조장이 제 방에 와서 노조를 만들겠다고 하더라고요. 그냥 그러다 말겠거니 했는데 상황이... 물류팀, 품질팀 직원들까지도 동조하는 분위기 입니다.”

이진구 본부장은 창업 당시에 지인 회사에서 생산관리팀장으로 일하고 있던 자신을 찾아와 자신의 제품을 설명하고 사업비전을 제시하며 함께 하자고 간절한 눈빛을 보내던 장승준 대표의 모습이 떠올랐다. 그당시 지인의 회사가 재고처리가 안 될 정도로 경영이 어려워져 사실상 생산을 중단하다시피 하고 있던 상황이라 앞날을 고민하고 있던 차에 장승준 대표의 제안은 이진구 본부장에게는 사막에서 만난 오아시스와 같았다. 회사에 합류한 이후로도 장승준 대표는 생산에 대한 전권을 줄만큼 자신을 전적으로 믿어주었다. 그런 장승준 대표에게 이런 소식을 전해야 한다는 게 면목 없고 미안했다. 그런데 장승준 대표의 반응은 의외였다.

필수 노무 개념 바로 알기

• '노동조합' 설립을 막거나 방해하면?

노동조합법에 따르면 근로자가 노동조합에 가입하거나 가입 또는 조직하려고 하였거나 노동조합 가입권유, 홍보 등 정당한 노동조합 업무를 한 것을 이유로 해고 등 불이익을 주는 행위를 부당노동행위로 정하고 있음. 부당노동행위를 한 경우 2년 이하의 징역 또는 2천만 원 이하의 벌금에 처하게 됨.

"직원들도 할 말이 있으면 해야죠. 요즘 주위에 사업하시는 분들 만나 보면 이제는 정말 소통이 중요하다는 말씀들을 많이 하시더라고요. 예전처럼 군대식으로 '까라면 까'하는 식의 조직문화는 회사 망하게 하는 지름길이래요. 오히려 잘 된 걸 수도 있어요. 이참에 공식적으로 직원들과의 대화 창구를 만들어서 소통도 하고 불만도 해소하면 회사에 더 도움이 될 거예요. 너무 안 좋게 생각하지 마세요, 본부장님."

장승준 대표가 오히려 자신을 위로 해주자 이진구 본부장은 놀라면서도 마음이 놓였다.

– 직원을 고객처럼, 고객을 직원처럼 –

이틀 후 장승준 대표는 격주로 있는 본부장 회의에서 복안을 내놓았다.

"엊그제 이본부장님께서 노조 관련해서 말씀하시고 나서 상황을 파악해 보니 정말 공장 직원들 사이에서 불만의 목소리가 높더라고요. 제가 볼 때는 감성준 조장 같이 불씨를 일으키는 사람이 없어서 그렇지 본사 직원들도 다르지 않다고 생각합니다. 저희가 그 동안 회사를 키우고 수익 내는 데만 몰두하느라 직원들의 목소리를 듣는 걸 너무 등한시한 거 같아요."

마미홈 최고의 꼰대 엄진근 본부장이 '노조'라는 말에 발끈하고 나섰다.

"네? 누가 노조를 만든답니까? 아니 도대체 이렇게 좋은 회사가 어디 있다고!! 진짜 옛말 틀린 거 하나 없다더니 '검은 머리 짐승은 거두는 게 아니다'라는 말이 딱 이 때 쓰라고 있는 말이네요!"

장승준 대표는 작게 한숨을 쉬고는 엄진근 본부장에게 점잖게 주의를 줬다.

"엄 본부장님~ 요즘 그런 말씀하시면 큰일 납니다. '직원을 고객처럼, 고객을 직원처럼'이라는 말이 있어요. '행복한 직원이 성과를 창출한다'라는 말도 있죠. 이제는 소통을 잘하는 리더가 존중 받는 사회에요. 그래서 하는 말인데요. 우리 회사도 제대로 된 소통창구를 만들려고요. 〈직원만족협의회〉라고 이름도 지어 봤는데 어떤가요?"

엄진근 본부장은 대표까지 직원의 비위를 맞춰야 한다는 생각에 또 투덜거렸다.

"어휴~ 참 돈 벌기도 힘든데 굳이 그런 것까지 해야 되나요? 직원들 비위 맞춰가면서 경영하는 것도 아니고..."

장승준 대표는 여전히 존중과 소통에 대해서 이해를 못하는 엄진근 본부장이 답답했다. 이때 이진구 본부장이 나섰다.

"엄 본부장님, 이제 저희도 생각을 좀 바꿔야 할 것 같습니다. 저도 사실은 직원들한테 서운하고 괘씸한 감정이 있었는데요. 가만히 제가 살아온 시절을 돌아보니 다 이해가 되더라고요. 우리 젊을 때, 회사풍경 좀 생각해 보세요~ 부장들 사무실에서 담배피고, 조금만 실수하면 소리 지르고 욕하고, 퇴근할 때 되면 기분 풀어준다고 데리고 나가서 시장 안에 있는 지가 좋아하는 돼지국밥 집에서 등받이도 없는 불편한 의자에 앉아서 보기에도 거북스러운 털 숭숭 박힌 수육사주면서 '이게 정이다, 회사생활이 다 그런 거다, 마시고 잊는 거야' 같은 귀에 들어오지도 않는 말만 반복하고 그랬잖아요."

엄진근 본부장도 그 시절의 추억이 떠올라 자기도 모르게 말을 보탰다.

"맞아요. 술은 또 얼마나 격식을 차리고 마시게 했는지... '술잔은 정이 넘치듯 가득 채워야 한다', '술병은 오른손으로 라벨이 보이지 않도록 잡고 왼손은 받치고 반쯤 일어날 듯 말 듯하게 엉덩이 떼고 따라야 한다', '술은 두 손으로 받고 바로 내려놓지 말고 입에라도 대야 한다' 등 등등... 술 한 잔도 편히 못 마시게 했죠."

"그러니까요! 그런 고리타분한 조직문화 지긋지긋해 했잖아요. 이제 바꾸는 게 맞습니다."

이진구 본부장이 90년대 초반에 회사생활을 시작한 50대 동년배로서 옛 추억을 떠올리며 얘기를 하자 엄진근 본부장도 흔들렸다.

"뭐 그 때야 다들 그렇게 생활했으니 당연한 건 줄 알고 참았죠. 뭐 군대가 아무리 좋아졌다고 해도 이등병은 똑같이 힘들 테니까... 대표님 말씀대로 소통 한 번 해 보죠."

이렇게 마미홈 〈직원만족협의회〉가 공표되고 첫 회의 날짜가 다음 달 25일로 정해졌다.

- 직원만족협의회 위원 구성 -

직원들 사이에서도 일부 협의회에 대한 진정성을 의심하는 목소리도 있었지만, 최초의 소통창구가 생겼다는 점에 고무되어 노조설립 움직임은 잦아들었다. 그런데 또 다른 문제가 발생했다. 직원만족협의회의 위원을 구성하는 데에 있어 노사간은 물론, 노노간의 갈등이 발생한 것이다.

첫 번째 이슈는 위원수를 정하는 문제였다. 장승준 대표는 노사 각 3명씩의 위원으로 구성하자고 제안했다. 사측은 장승준 대표와 영업본부장, 생산본부장 이렇게 셋이면 충분할 것이라고 생각한 것이다. 직원들은 6개의 팀이 원하는 사항이 다르기 때문에 노측위원만 팀당 1명씩 6명은 있어야 한다고 했다. 몇 번의 상의 끝에 경영지원팀은 평소에도 대표와 접촉기회가 많으므로 제외하고 영업팀 1명, 상품개발팀 1명, 생산팀 1명, 인원이 적은 물류팀과 품질팀은 합쳐서 1명 이렇게 총 4명으로 정하기로 했다. 본부별로 봐도 영업본부 2명, 생산본부 2명으로 공평해 보였다. 노동법 상 노사협의회에 관한 법조항을 준용하는 만큼 노사 동수의 원칙을 지키기 위해 회사에서도 기존에 정했던 3명에 경영지원팀장인 한근녹 팀장을 포함하여 4대 4로 위원수를 확정했다.

이렇게 직원만족협의회 구성에 대한 논란은 직원들 간에 근로자위원 구성을 놓고 또 다시 발생했다. 근로자위원 후보가 되려면 10명 이상의 직원추천을 받아야 하는데 각자 본인의 입장을 대변해 줄 사람을 추천하다 보니 인원수가 많은 생산팀 외에는 후보추천 자체가 어렵게 된 것이다. 인사담당인 이정원 과장이 근로자위원이 되고자 하는 후보자들을 모아보니 7명이나 되었다. 그 면면을 살펴보니 정확히 직무별로 구분되어 있었다. 영업팀에서는 2명의 후보가 나왔는데 한 명은 온라인 영업담당이고, 다른 한 명은 오프라인 영업담당이었다. 영업팀 인원이 팀장을 제외하면 총 11명이고 이렇게 두 파트로 나뉘다 보니 어느 후보도 10명의 추천을 받지 못하는 상황이 발생한 것이다. 결국 이정원 과장은 두 후보에게 1년씩 번갈아 가면서 근로자위원이 될 것을 추천했고 어느 쪽이든 반드시 상대편 입장의 고충 사항을 사전에 듣고 협의회 안건으로 내놓을 것을 제안했다. 이에 두 후보 모두 동의하였고 영업사원 수가 더 많은 오프라인 영업담당 직원이 먼저 근로자위원 후보가 되기로 했다. 물류팀과 품질팀은 하나의 후보를 내기로 했기에 동일한 상황이 발생했고, 문제가 없을 것 같던 생산팀 역시도 교대근무를 하는 오

필수 노무 개념 바로 알기

• 노사협의회란?
노사협의회란 노동조합과는 다른 기구로, 근로자와 사용자가 참여와 협력을 통하여 근로자의 복지증진과 기업의 건전한 발전을 도모하기 위하여 구성하는 협의기구. 상시 30인 이상의 근로자를 고용하고 있는 사업장이라면 반드시 설치되어 있어야 하지만, 사실상 놓치고 있는 경우가 많고, 고용노동부 근로감독 시에도 점검 대상이 되는 부분임.

퍼레이터(생산직)들과 생산성 향상 및 원가절감을 책임지는 엔지니어(사무직)들이 각각 자신들의 입장을 대변할 후보를 추천하고 나섰다. 이정원 과장은 영업팀과 동일하게 번갈아 후보를 낼 것을 제안했고 딱히 대안이 없던 터라 모두 이를 받아들여 근로자위원에 대한 논란은 정리가 되었다. 막상 근로자위원을 선출하는 과정은 이미 각 팀의 단일 후보자로 표심이 정해진 상황이었기에 별다른 잡음 없이 직접, 비밀, 무기명 투표를 통해 4명의 후보 모두 근로자위원이 되었다.

- 첫 직원 만족 협의회 -

10월 25일. 드디어 첫 직원만족협의회 정기 회의일이 되었다. 장승준 대표는 그 동안 수차례에 걸쳐 협의회가 형식적인 자리가 아닌 진정성 있게 직원들의 애로사항을 듣고 또 회사의 입장 역시 솔직하게 얘기할 수 있는 자리로 만들자는 점을 강조하였다. 이에 경영지원팀에서도 첫 정기회의에 대한 준비에 만전을 기했다. 플래카드도 붙이고 다과류도 준비하고 각 팀장들에게 근로자위원들이 업무로 인해 회의에 참석 못하는 일이 없도록 근무 조치도 해달라고 미리 부탁을 해 놓았다.

오전 10시. 근로자위원들은 팀장들의 배려로 미리 만나 안건에 대한 입장을 정리하는 사전미팅을 가질 수 있었다. 공장직원들은 아침 기차를 타고 천안에서 올라왔고 심지어 생산팀 근로자위원은 회의일이 마침 OFF날이라 별도의 휴일을 주기 위해 휴일대체(휴일과 평일을 바꾸어 다음 주 평일을 휴일로 변경해 줌)까지 해주었다. 근로자위원들은 회사가 마련해 준 별도의 회의실에 모여 서로가 준비해 온 회의 자료를 공유했다. 각자 5~6개의 고충사항 및 개선안을 마련해 와서 이를 합쳐보니 요구사항이 20개가 넘었다. 근로자위원들도 이렇게 많은 안건을 처음부터 요구하면 협의회 자체가 폐지될 수도 있겠다 싶어 핵심안건만 추려내기로 했다. 서로간의 입장 차이로 인해 쉽지 않았지만 어떠한 안건도 배제하지 않고 우선순위를 정해 순차적으로 요구하자는 데 합의하면서 마침내 핵심안건 목록이 나왔다.

<제1차 직원만족협의회 논의 안건>

1. 생산직 평가제도 도입안 폐지

2. 영업사원 차량보조금 지급

3. 공장 통근버스 운행

4. 성과급 지급 기준 마련

오후 1시 50분. 약속한 정기회의 시간을 10분 앞두고 근로자위원들이 회의 장소에 도착했다. 회의 장소에는 이미 경영지원팀장인 한근녹 팀장과 아침 일찍 천안에서 올라온 이진구 생산본부장이 자리하고 있었다. 한근녹 팀장은 평소 친하게 지내던 사람들이 갑자기 무게 잡고 들어오는 모습이 영 아니꼬웠다. 잠시 후 장승준 대표와 엄진근 본부장도 회의실로 들어왔다. 사용자위원까지 모두 자리에 앉자 한근녹 팀장이 협의회 개최에 대한 간단한 소개를 하고 노사 위원대표에게 인사말을 청했다.

"네, 사용자위원 대표 장승준입니다. 이런 자리가 처음이라 어색하긴 한데요. 이 자리는 정말 직원들이 더 즐겁게 일할 수 있도록 회사가 무엇을 할 수 있을지를 고민하기 위해 만든 자리인 만큼 여기 계신 근로자 위원 분들이 전체 직원들의 목소리를 대변해서 가감 없이 말씀해 주셨으면 좋겠습니다."

장승준 대표의 인사말이 끝나자 근로자위원 대표인 감성준 조장의 인사말이 이어졌다.

"네, 안녕하십니까! 근로자위원 대표 감성준 조장… 아니… 감성준 위원입니다. 솔직히 대표님, 본부장님들하고 마주 앉아 얘기하려니 불편하고 부담스럽긴 합니다. 하지만, 대표님… 아니 장승준 위원님께서 말씀하신 것처럼 저희는 전 직원의 목소리를 대변하는 사람들이니까 당당하게 할 말은 하겠습니다."

감성준 조장이 다소 떨리는 목소리로, 그러나 결의에 찬 눈빛으로 인사말을 마쳤다.

"야~ 감 조장… 아니 감 위원이라고 해야 되나? 감 위원 어디서 교육 좀 받았나본데 머리에 띠만 안 둘렀지 당장 시위대 나가도 손색이 없겠어."

엄진근 본부장이 수위를 넘는 발언을 하자, 한근녹 팀장이 바로 제지를 했다.

"엄 위원님, 이 자리는 공식적인 노사 간 협의회 자리이기 때문에 다 기록을 남기고 있습니다. 방금과 같은 발언은 나중에 문제가 될 수 있으니 주의해 주시기 바랍니다."

"알았어, 알았어! 조심하면 될 거 아냐~ 지금부터 아무 말도 안하고 있을게."

본격적으로 마미홈의 첫 직원만족협의회 회의가 시작됐다.

"자, 그럼 근로자 측에서 준비하신 안건들을 말씀해 주시기 바랍니다."

"네, 제일 먼저 논의할 안건은 생산직 평가제도 도입안 폐지입니다. 회사에서 일방적으로 호봉제 생산직들에 대해서 평가등급에 따른 호봉 차등인상제를 적용하고 관행적으로 입사년도 순으로 선임되던 조장에도 자격기준을 만들어서 혼란을 가중시켰습니다. 이를 즉각 폐지해 주시기 바랍니다."

감성준 위원은 단호한 어조로 일체의 흔들림 없이 말했다.

"그건 곤란합니다. 다들 알다시피 생산직들에 대해서는 사무직과 달리 평가도 없고 매년 동일하게 호봉표에 따라 임금인상이 이뤄져 왔습니다. 그러다 보니, 정말 열심히 하는 사람과 반대로 누가 봐도 성의 없이 일해서 남에게 피해를 주는 사람이 똑같은 대우를 받아왔습니다. 이건 바뀌어야 한다고 생각합니다. 게다가 조장도 근속년수에 따라 자동으로 순환하다 보니 정말 자격 없는 사람이 조장이 되어서 생산관리도 안되고 조원들에게 막말도 하고 그래서 여러 문제가 발생하고 있습니다. 이 부분은 양보할 수 없습니다.”

이진구 위원이 기다렸다는 듯이 오랜 기간 마음 속 깊이 간직해 왔던 불만사항을 토로했다. 그러자, 이대로는 회의가 평행선을 그리겠다고 판단한 장승준 대표가 나섰다.

“저, 위원님들 제가 한마디 하겠습니다. 이 부분은 정말 중요하고 저로서도 꼭 필요한 것이라고 생각합니다. 다만, 아무리 몸에 좋은 음식도 급하게 먹으면 체하는 법이므로 속도조절은 필요해 보입니다. 그래서 말인데요... 일단 도입안은 그대로 시행하되, 호봉 차등인상인원(A, C등급)은 각각 10%를 넘지 않도록 하겠습니다. 그러면 A등급과 C등급이 최대 2명씩입니다. 그리고 호봉 차등인상대상에 대해서는 아주 구체적인 사유서를 받도록 하겠습니다. 그리고 조장 자격제도 역시, 다른 건 다 제외하고 직무이력만 넣도록 하겠습니다. 조원업무를 다 해보지도 않고 조장이 된다면 업무 배정이나 생산관리가 어려운 건 당연한 거니까요. 어떠신가요?”

장승준 대표의 제안에 감성준 조장은 고민에 빠졌다. 솔직히 평가제도 도입안 폐지를 요구 했지만 그 요구가 받아들여질 거라고는 기대하지 않았다. 다만 도입안이 조금이라도 완화되기를 바랐을 뿐인데 장승준 대표가 정확히 그 바람을 들어준 것이다.

“네... 일단 그 부분은 저희가 회의가 끝난 후에 내부적인 논의를 통해 받아들일지 여부를 결정 하도록 하겠습니다. 그 다음 저희의 두 번째 요구사항은...”

두 번째 요구사항인 영업사원 차량보조금 지급 건과 세 번째 요구사항인 공장 통근버스 운행 건은 사용자 위원들이 단호하게 거부하면서 싱겁게 마무리가 되었다. 그리고 마지막 안건인 성과급 지급 기준 마련건에 대해 논의할 차례가 되었다. 사실 첫 번째에서 세 번째까지 안건은 모두 특정 부서에만 해당되는 안건으로 근로자 위원들 내부에서도 일부 찬반논의가 있었던 안건들이다. 그러나 성과급 지급기준 마련은 전 직원에게 영향을 미치는 안건으로 모든 직원들에게 전폭적인 지지를 받는 내용이므로 근로자위원들도 자세를 가다듬고 좀 더 적극적으로 협의에 임했다.

"마지막 안건은 성과급 지급기준 마련입니다. 우리 회사가 계속 성장하고 있고 재작년부터는 흑자를 내고 있는 거로 알고 있습니다. 지금까지는 흑자폭도 크지 않았고 몇 년 동안 적자가 쌓인 것도 있었기 때문에 성과급을 요구할 상황이 아니었다는 것도 인정합니다. 하지만 올 초부터 온라인 판매를 시작하면서 매출도 급격히 상승하였고, 내년에 유아흔들침대 출시도 예정되어 있어 수익증대가 예상되는 만큼 이제는 성과급에 대한 기준을 마련해서 직원들에게 동기부여를 해 주셨으면 합니다."

감성준 조장이 평소와는 달리 차분한 말투로 논리 정연하게 얘기를 풀어가자 길어진 회의시간에 의자에 기대거나 팔짱을 끼고 있던 사용자위원들도 자세를 고쳐 앉으며 진지하게 듣기 시작했다.

"네, 맞는 말씀입니다. 사실 저도 성과급에 대해 생각을 하고 있었습니다. 당연히 마미홈의 주인은 직원 분들이고 다같이 만들어 왔다고 생각하기 때문에 수익도 공평하게 분배해야 한다고 봅니다. 혹시 생각하고 계신 지급기준이 있으신가요?"

"네, 그 부분은 제가 말씀드리겠습니다."

영업사원 차량보조금 지급이 단호하게 거절된 이후 풀이 죽어 있던 영업팀 근로자위원이 자기 차례라고 생각했는지 적극적으로 나섰다.

"매출은 이익여부를 알 수 없으므로 곤란하고, 법인세차감전이익이나 당기순이익은 대출이자 비용이나 임대료 같은 영업외비용이 높아서 회사실적에 비해 너무 적게 계산되는 경향이 있습니다. 그래서 가장 회사실적에 부합하는 영업이익을 기준으로 했으면 좋겠고요, 올해 예상 영업이익이 20~30억 정도 되고 앞으로도 몇 년간은 그 정도 수준에서 크게 벗어나지 않을 것 같으므로 지급액은 영업이익의 10%를 인원수로 나누어 동일하게 지급하는 것이 저희의 지급기준안입니다."

"와~ 진짜 어이없네!!! 30억 이익 나면 3억을 달라고? 그것도 직급에 상관없이 인원수로 나눠서? 우리가 대표님까지 60명 조금 넘는데 그럼 30억 이익나면 1인당 5백만 원씩 달라는 거네? 거기다 회사 성장해서 60억 이익나면 1천만 원씩 가져가겠다고? 야~ 이거 진짜 날강도도 아니고~."

엄진근 본부장이 결국 참지 못하고 본인의 속내를 막말과 함께 그대로 표출시켰다.

"날강도라뇨? 말씀 좀 가려하세요! 그리고 대표님 말씀처럼 회사는 직원들이 함께 만들어 온 건데 회사가 성장해서 수익이 나면 그만큼 직원들도 혜택 보는 건 당연한 거 아닙니까?"

영업팀 근로자위원 역시 지지 않고 큰소리로 반박을 했다. 분위기가 점점 과열되자 한근녹 팀장이 중재에 나섰다.

"자자~ 서로 말씀은 좀 조심해서 해주시고요~ 서로 좋은 방향으로 만들어가자고 만든 자리인데 이렇게 언성이 높아지면 되겠습니까? 성과급 지급은 어디까지나 회사에 결정권이 있는 사항인 만큼 대표님 의견이 중요할 거 같습니다. 대표님 말씀을 들어보도록 하시죠."

장승준 대표도 이 부분은 직접 결정을 해야겠다고 마음을 먹었다.

"방금 한근녹 팀장이 말한 부분에는 저도 전적으로 동의합니다. 성과급 지급은 회사를 경영하는 경영진이 경영실적 외에도 산업동향이나 향후 투자계획 등 여러 요소들을 고려해서 결정해야 되는 사항입니다. 물론 그렇다고 경영진의 결정에 무조건 따르라고 하는 건 맞지 않다고 생각합니다. 그래서 제가 최종안을 드릴 테니 이에 대해 수용여부를 결정해 주시기 바랍니다. 성과급은 영업활동에 따른 수익인 영업이익을 기준으로 하는 것에는 동의합니다. 다만, 근로자위원께서도 말씀하셨듯이 회사는 영업 외로 각종 비용이 발생하고 이는 예측을 벗어나는 경우도 꽤 있습니다. 그러므로 영업이익의 10%로 금액을 확정할 수는 없고 5~10% 범위 내에서 결정하여 지급하도록 하겠습니다. 이건 회사가 성과급을 덜 지급하려는 게 아니고 예상할 수 없는 비용으로 성과급 지급 후에 순이익이 마이너스가 되는 상황은 막고자 하는 것이므로 가능하면 10%수준에서 지급할 수 있도록 노력할 것을 대표인 제가 약속 드리겠습니다. 그리고 분배기준은 인원수대로 동일하게 1/n하는 것에는 반대합니다. 성과급은 회사의 성과에 대한 기여도에 따라 지급하는 것이 맞으므로 신입사원과 팀장이 동일한 금액을 받는 것은 오히려 공평하지 않다고 생각합니다. 그러므로 성과급 총액에 맞춰 기본급의 일정비율로 지급하도록 하겠습니다. 가령 성과급이 3억 원이고 직원 기본급 총액이 1억5천만 원이면 동일하게 기본급의 200%씩 지급하는 겁니다. 기본급 자체가 연봉의 기본이 되고 연봉이 회사에 대한 기여도를 나타낸다고 생각하므로 이렇게 하는 게 적정해 보입니다."

장승준 대표의 단호하면서도 논리적인 발언에 근로자위원들은 딱히 반박할 만한 말을 찾지 못했다. 그들끼리 잠시 웅성대다가 정회를 요구했다.

"네, 그럼 잠시 정회를 하고 저희끼리 상의할 시간을 주실 수 있겠습니까?"

"그렇게 하시죠."

정회시간 동안 근로자위원들은 첫번째 안건인 생산직 평가제도 도입안 폐지와 마지막 안건인 성과급 지급기준 마련에 대한 회사측의 제안에 대해 수용할지 여부를 논의했다. 성과급 지급기준안에 대해서는 일단 지급기준이 확보되었다는 사실 자체에 모두들 만족하는 의견이었고 생산직 평가제도 수정안에 대해서도 감성준 조장의 반발이 있었지만 다른 위원들 모두 '그 정도면 회사에서도 많이 양보한 거 아니냐'는 주장이 다수여서 감성준 조장도 받아들이기로 동의했다. 정회를 마치고 협의자리에 양측 위원들이 다시 모이자 근로자위원 대표인 감성준 조장이 회사측 제시안에 대해 수용하겠다는 뜻을 밝혔다.

"자~ 이것으로 마미홈 제 1회 직원만족협의회를 마치도록 하겠습니다."

한근녹 팀장이 폐회를 선언했다. 무사히 첫 직원만족협의회가 끝난 것이다. 장승준 대표는 소통을 통해서 서로를 이해시키고 회사가 한 발짝 앞으로 나아간 느낌이 들었다. 한 단계 성장했다는 뿌듯함에 미소가 지어졌다.

필수 노무 개념 바로 알기

• 노조와의 교섭, 노사협의회 등 노사가 협상 시 주의 할 점은?
  - 각자 사용자, 근로자 대표로서 참석한 자리이므로 직급, 나이 등을 불문하고 동등한 입장으로 상호 존칭을 쓰며 존중해야 함.
  - 근로자측 위원들은 직원들과의 소통을 통해 사익이 아닌 공익을 위한 협상안을 준비 해야 함(원활한 소통을 위해 직원들 사이에 신망 있는 자를 위원으로 선출해야 함).
  - 너무 과도한 요구는 지양하며, 서로 최종안을 숨기고 눈치보기 보다 처음부터 솔직하게 최선의 안을 가지고 협상에 임하는 게 노사 신뢰구축 차원에서 바람직함.

장내석 노무사의 상담실

Q 직원 만족 협의회가 노사협의회와 비슷한 개념인 거죠? 노동조합과는 어떻게 다른가요?

A 근로자참여법 제5조에서 "노동조합의 단체교섭이나 그 밖의 모든 활동은 이 법에 의하여 영향을 받지 아니한다."라고 정하고 있듯이, 노동조합 활동과 노사협의회의 활동은 그 목적, 절차, 효력 등 전반에 걸쳐 차이가 있습니다.

노동조합은 기본적으로 소속된 '조합원의 권익'을 우선하는 것이고, 조합원의 권익 향상을 위해 사용자와 교섭하여 근로조건의 증진 등에 기여하는 것이 목적인 반면, 노사협의회는 '전체 근로자'를 대표하여 참여와 협력을 통해 노사공동의 이익을 증진시키고자 하는 목적이 있습니다.

Q 노사협의회 설치 대상이지만 설치를 하지 않았을 경우, 미설치 자체에 대한 처벌이 있나요?

A 근로자참여법에 따르면 노사협의회 미설치 자체에 대한 벌칙 규정은 없습니다. 다만, 노사협의회 미운영에 대한 벌칙이 있으므로 상시 30인 이상의 근로자를 사용하는 사업이나 사업장은 필수로 설치해야 합니다. 동법 제30조제1호에 따르면 "협의회의 설치를 정당한 사유 없이 거부하거나 방해한 자"는 1천만 원 이하의 벌금에 처한다고 규정되어 있고, 노사협의회가 설치되지 않아 정기회의가 개최되지 않은 경우 2백만 원 이하의 벌금(동법 제32조), 노사협의회 규정이 제정·제출되지 않았을 경우 2백만 원 이하의 과태료(동법 제33조제1항)가 부과될 수 있습니다.

일한 만큼 지급받는 임금체계 만들기

07

근속에 따라 임금이 올라가는 게 좋은 건가요?

– 임금체계 개편 –

이정원 과장은 작년에 세계인적자원관리협회에서 주관하는 국제 HR컨
퍼런스에 다녀왔다. 중소기업 인사담당자로서 이례적으로 다녀온 해외
컨퍼런스였다. 수백만 원이 들었지만 그만큼 가치가 있었다.

그 당시 컨퍼런스에서 제일 인상 깊게 들었던 직무급을 도입하고자
기획안을 작성해 두었고 올해 임금인상 시기에 맞춰서 꺼내들었다. 마
침 2018년부터 공공기관에 직무급 바람이 불어 한국석유관리원을 시
작으로 한국수력원자력, 한국동서발전 등이 기존의 호봉제를 직무급제
로 개편하기로 결정했다. 이정원 과장은 속으로 쾌재를 불렀다. '아니,
직원이 10,000명이 넘는 공공기관도 하는데 우리가 못할 게 뭐 있어?

일한 만큼 돈 받아 가자는 직무급제 만큼 합리적인 제도가 또 어디 있다고! 이번에야말로 기필코 우리 마미홈에도 직무급제를 도입해 봐야지!!!' 이정원 과장은 기획안을 다시 한 번 꼼꼼히 검토한 후, 한근녹 팀장에게 당당하게 '임금체계 개편안'을 내밀었다. 결재는 모두 전자결재 시스템을 통해 처리하고 있지만, 이번 기획안은 사전에 논의할 내용이 많아 출력본으로 미리 검토를 요청하기로 했다. 이정원 과장은 한근녹 팀장에게 문서를 내밀었다.

"팀장님, 올해 직무급 도입해 보려고요! 기획안 검토 부탁드려요."

한근녹 팀장은 문서를 여유롭게 받아 들었다가 깜짝 놀라서 들고 있던 커피까지 쏟을 뻔했다.

"에구, 깜짝이야! 임금체계 개편안? 직무급 도입하게? 요즘 공공기관에서 하고 합리적인 제도인 건 알겠는데... 우리 같은 중소기업도 가능할까?"

"네! 쉽진 않지만 전 가능하다고 생각해요. 작동원리는 같으니까요!"

"그럼 왜 직무급을 도입해야 하는지부터 공유를 해야 하니까 다음 주 월요일 본부장 회의 때 이 과장이 직접 들어가서 설명을 하라고!"

"네~!"

- 연공급 VS 직무급 -

이정원 과장은 현재 임금체계인 연공급의 문제점부터 정리를 해보았다.

1. **연공급**은 근속에 따라 임금이 높아지므로 직무의 중요성과 임금수준이 비례하지 않는다.

2. **연공급**은 속인주의 임금체계이므로 진급을 해도 직무가 변하지 않는 경우가 많다.

3. **장기근속자들**이 임금이 높다는 이유로 정년, 명예퇴직이나 임금피크의 대상이 된다.

4. **저직급, 저연차 직원들**은 직무 전문성이 뛰어나도 높은 수준의 업무를 맡기가 어렵다.

연공급의 문제점을 정리하고 나니 머릿속도 정리가 되고 자연스럽게 자신감이 생겼다.

약속한 월요일 오전, 이정원 과장은 본부장 회의 막바지 즈음에 대표실로 들어갔고 모두들 의구심이 가득한 눈빛으로 그녀를 쳐다보았다. 이정원 과장은 크게 심호흡을 한 후 말문을 열었다.

"대표님, 그리고 본부장님! 임금은 왜 지급한다고 생각하시나요?"

갑작스런 질문에 다들 잠시 망설였지만, 장승준 대표가 여유 있는 목소리로 대답을 했다.

"그야~ 당연히 회사를 위해 노동력을 제공하니까 그에 대한 대가를 지불하는 거죠. 마트에서 물건을 사는 것과 같은 원리잖아요."

이정원 과장은 장승준 대표가 자신이 원하는 답을 하자, 바로 말을 이어갔다.

"네! 대표님 말씀이 맞습니다. 그럼 대표님은 마트에서 휴지를 살 때와 소고기를 살 때 같은 값을 지불하시나요?"

필수 노무 상식 바로 알기

• 임금체계란?
기본임금을 결정하는 기준을 말하며, 사람을 기준으로 하는 연공급, 능력급과 직무를 기준으로 하는 직무급, 역할급 등이 있음.

• 연공급과 직무급의 차이는?
연공급은 사람의 숙련도와 경험을 기초로 임금이 결정되므로, 근속/경력에 따라 고임금이 되고, 직무급은 수행하는 직무의 가치에 따라 임금이 결정되므로 높은 수준의 직무를 수행할 때 고임금이 됨.

• 임금체계별 장·단점 비교

	연공급	직능급	직무급
기준	근속연수	직무수행 능력	직무가치·난이도
장점	안정적 인력 운용	능력 중심 평가 탄력적 인력 운용 숙련향상 동기부여	일의 가치와 보상 일치 명확한 직무 구분
단점	경직된 임금체계 동기부여 부족 장기근속 인건비 증가	평가 공정성 부족 연공급화 가능성	직무평가 비용 인력배치 유연성 부족

자료 : 고용노동부

"에이~ 휴지 값에 소고기 파는 데 있으면 내가 싹쓸이 하지!"

엄진근 본부장이 상상만 해도 기쁘다는 표정으로 해맑게 대답했다.

"그렇죠? 값어치에 따라 다르게 값을 치르죠? 그럼 같은 휴지인데 마트에 더 오래 있던 제품은 더 비싸게 파나요?"

"이 과장, 자꾸 바쁜 사람들 데리고 장난칠 거야? 당연히 같은 휴지면 같은 값을 받아야지!"

"네, 그래서 직무급을 도입하자는 겁니다. 동일한 가치의 직무를 수행하는 사람에게는 근속이나 연령, 직급에 상관없이 같은 임금을 지급해야 한다는 거죠. 그리고 승진도 반드시 직무가치와 연동해서 이뤄져야 하고요."

마트에 빗대어 쉽게 설명하자 다들 고개를 끄덕였다. 하지만 장승준 대표는 예전부터 직무급에 대한 고민이 있었던 터라 예리하게 질문을 던졌다.

"근데 우리는 미국이나 유럽처럼 직무의 가치에 대한 사회적 공감대가 형성되어 있지 않은데. 어떻게 내부적으로 직무가치를 정하려고 하나요?"

"네. 사실 그게 제일 어려운 부분인데요. 불가능하진 않습니다. 한꺼번에 우리 회사의 모든 직무의 가치를 점수화하는 것은 혼란을 줄 수 있습니다. 그래서 먼저 팀장급 직무들을 등급화할 건데요. 다음과 같은 순서로 하려고 합니다.

1. 팀 내에 직무들을 분리해서 직무의 수를 확정합니다.

2. 각 직무별 R&R을 명확하게 하기 위해 직무분석을 통해 직무기술서(직무의 세부내용)와 직무명세서(직무수행자의 필요역량)를 작성합니다.

3. 팀장 직무들에 대해 필요역량(경력, 자격증 등), 난이도, 책임수준, 작업환경 등을 평가하여 등급화합니다(등급은 너무 세분화하지 않고 3~4등급으로 분류).

추가적으로 팀원들 직무들에 대해서도 동일한 방식으로 평가하여 등급화 할 생각입니다. 그 때는 좀 더 세분화해서 5~6등급으로 구분하려고 하고요."

장승준 대표는 이정원 과장의 설명을 들으면서 점차 수긍을 했다. 직무급 운영 상 예상되는 몇 가지 어려움에 대해 약 1시간 동안 논의를 계속했다. 드디어 장승준 대표가 결론을 내렸다.

"까짓것 한 번 해봅시다. 마미홈도 이렇게 방향성만 정하고 시행착오를 거치면서 여기까지 온 거니까요!"

장승준 대표의 이런 화끈한 성격을 알고 있기에 이정원 과장도 다소 무모할 수 있는 임금체계 개편을 강하게 밀어붙일 수 있었던 것이다.

- 직무급 도입 과정 -

우선 직무분석을 위해 팀별 직무에 대한 구분을 하는 작업을 시작했다. 사실 직무별 R&R을 명확하게 하지 않아 발생하는 문제들이 많았다. 각 팀마다 당연히 일을 잘하는 직원이 있고, 역량이 부족해서 일을 소위 '뭉개고 있는' 직원이 있다.

R&R이 명확하지 않다보니 팀장은 본인이 편하다는 이유로 계속해서 일 잘하는 직원에게 업무를 몰아주고 있었다. 오히려 일 잘하는 직원은 매일 같이 산더미처럼 쌓인 업무를 처리하느라 야근을 밥 먹듯이 하는데 일 못하는 직원은 칼퇴근을 하는 것이다. 물론 이런 업무량의 차이가 업무성과에 반영되어 임금인상에 영향을 주지만 그 정도의 보상이 매일의 지옥 같은 야근행군을 만회할 수는 없었다. 결국 이런 관행은 일 잘하는 직원을 이직의 길로 이끌고, 회사에는 일 못하는 직원만 남는 악순환을 만들고 있었다.

이번 기회에 명확하게 개인별 직무범위 및 직무별 R&R을 확정하기로 했다. 먼저 팀원들이 개인별 업무내용을 적어내고 이를 팀장이 직무구분표에 따라 조율하고 확정하였다. 가장 중요한 포인트는 절대로 R&R을 벗어나는 업무를 본부장이나 팀장 맘대로 지시하지 않는 것이다. 아무리 일을 못해도 계속 그 직원에게 일을 시켜야 하냐는 질문이 나올 수 있다. 이에 대한 해답은 명쾌했다. 일단 맡은 업무를 잘 못해도 그대로 끌고 가는 게 원칙이다. 정기적으로 코칭을 통해서 돕지만 그래도 일을 못한

다면 회의를 해서 해당 업무를 타직원에게 넘긴다. 당연히 이 과정에서 해당 팀원은 그 업무에 해당하는 점수는 0점으로 기록이 된다. 그러니 향후 평가결과에 대해 어느 정도 수긍할 수 있게 될 것이다. 반대로 업무를 추가로 받는 직원은 점수를 추가로 받게 되는 방식이었다. 이렇게 R&R이 명확하면 업무의 변경에 대해 그만큼의 상, 벌을 부여할 수 있으므로 우수인재의 이탈을 막을 수 있게 된다.

이런 방식으로 팀별 직무구분을 확정한 후 본부장 및 팀장 직무를 대상으로 직무평가를 시행했다. 직무구분 및 분석까지는 별다른 항의 없이 순조롭게 진행됐다. 그런데 실제 팀별 직무를 점수화하기 시작하자 여기저기서 잡음이 나오기 시작했다. 마미홈의 리더 직무 총 8개 중 1등급 2개(영업본부장, 생산본부장), 2등급 5개(경영지원팀장, 영업팀장, 상품개발팀장, 생산팀장, 물류팀장) 그리고 3등급 1개(품질팀장)으로 직무평가 결과가 나왔기 때문이다.

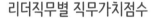

리더직무별 직무가치점수

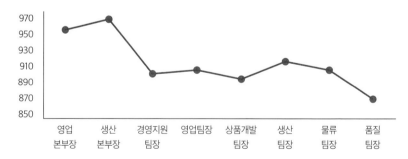

우선 제일 먼저 불만이 터져 나온 곳은 3등급으로 분류된 품질팀장이었다. 품질팀장인 안호근 팀장은 경영지원팀장인 한근녹 팀장에게 전화를 걸어 품질팀장만 3등급으로 분류된 이유를 설명해 달라고 요청했다. 한근녹 팀장은 최대한 안호근 팀장이 기분 상하지 않도록 조심스럽게 설명을 했다.

"안 팀장님, 이게 해외 유명한 HR 컨설팅회사에서 만든 직무평가 Tool을 가지고 한 거예요. 품질팀은 아무래도 생산된 제품들에 대한 테스트 부서잖아요. 교육, 경력, 대인관계, 기술 등이 적게 필요하고 불량률이 높게 나와도 그건 생산팀의 몫이라서 결과에 대한 책임부담도 적게 가지니까 그런 결과가 나온 거 같아요."

"아니, 그래도 그렇지 저만 하찮은 일 하는 것 같아 기분이 안 좋습니다. 저희 팀원들도 회사에서 제일 필요 없는 부서에서 일한다고 생각할 거 아니에요?"

사실 직무가치가 가장 낮다는 뜻은 그만큼 중요도가 떨어지는 일이라는 뜻이기도 했다. 한근녹 팀장은 다시 안 팀장을 달랬다.

"에이~ 회사에 필요 없는 부서가 어디 있습니까? 그냥 상대적으로 책임이나 부담이 덜하다는 뜻으로 받아들여 주세요. 그리고 직무야 순환하는 거 아닙니까? 나중에 다른 직무를 맡을 수도 있는 거니 마치 본인의 가치가 떨어진다고는 생각하지 말아주세요."

한근녹 팀장이 '직무'의 가치와 그 직무를 수행하는 '사람'의 가치를 구분하여 설명하자 안호근 팀장도 다소 화가 누그러져 알았다고 대답하고는 전화를 끊었다.

그러나 직무평가 결과에 대한 불만은 여기서 멈추지 않았다. 이번엔 영업에 대한 자부심으로 똘똘 뭉친 엄진근 본부장이 폭발했다.

"여보세요? 한 팀장! 당장 내 방으로 올라와 봐!"

엄진근 본부장의 호통에 한근녹 팀장은 '올 게 왔구나'란 생각에 최대한 불쌍한 표정을 지으며 영업본부장실로 향했다.

"이게 뭐야? 아니 어떻게 내가 생산본부장보다 점수가 낮아? 누구 덕에 회사가 돈 벌고 잘 돌아가는 건데? 회사의 목적이 돈 버는 거 아냐? 그럼 당연히 돈 버는 부서가 제일 그것도 압도적으로 점수가 높아야지!"

한근녹 팀장은 생각했다. 엄진근 본부장은 회사의 목적부터 다시 배워야 하지만 우리나라 조직문화에서 어딜 가나 돈 버는 부서가 항상 대접받아 온 것도 사실이다. 엄진근 본부장의 말을 선뜻 부인하기도 어려웠다.

"본부장님! 본부장님도 동일하게 1등급이시잖아요. 점수는 큰 의미 없습니다. 영업과 생산이 마미홈의 두 개의 큰 기둥이죠!! 그 중 하나만 무너져도 회사는 존재자체가 어렵죠!! 직무평가는 매년 진행을 할 겁니다. 영업환경이 더 어려워지고 중요성이 더 커지면 점수가 더 올라갈 수도 있습니다."

직무평가가 매년 갱신된다는 말에 엄진근 본부장은 다소 안심이 되었다.

– 최초의 임금인상 협의 –

직무평가가 마무리 되어 갈 즈음, 임금인상을 위한 직원만족협의회가 개최되었다. 작년까지만 해도 임금인상안은 경영지원팀에서 전년도 경영실적과 타사 임금인상률 등을 감안하여 품의를 올리면 장승준 대표가 검토 후에 확정하는 방식이었다. 한마디로 회사가 알아서 결정하여 직원들에게 통보하는 방식이었지만 올해부터는 장승준 대표가 직원만족협의회에 안건으로 올려 같이 협의하자는 뜻을 밝혔다. 똑같은 인건비를 지불하면서도 직원들에게 불신을 주고 싶지 않다는 뜻에서였다. 일부 경영진은 이러한 결정을 이해하지 못했다.

"아니, 이제 임금인상까지 직원들 눈치를 봐야 되는 건가? 이번 신제품 출시 여부도 허락받아야 하는 거 아냐? 참 회사 운영하기 힘들구만."

엄진근 본부장은 도저히 이해가 안 간다는 듯이 말했다. 하지만 예정대로 직원만족협의회는 개최되었다. 회사 측은 장승준 대표와 엄진근 본부장, 한근녹 경영지원팀장이 참석했고 근로자 측도 감성준 위원 대표를 비롯해 3명이 참석했다. 먼저 장승준 대표가 인사말을 했다.

"올해부터는 이렇게 직원만족협의회를 통해 임금인상안에 대한 협의를 거쳐 임금인상을 결정하려고 합니다. '뭐 노조도 아닌데 꼭 협의를 해야 되냐', '임금인상이 협의 대상이냐' 등 여러 반대하는 의견도 있었지만, 저는 회사경영은 반드시 투명하고 공정하게 이뤄져야 한다고 생각합니다. 그래서 이렇게 직원대표들을 설득하는 자리를 마련한 겁니다."

사실 직원만족협의회 자체가 아직 만들어진 지 약 한 달밖에 안된 상황이라 근로자 측 위원들도 선뜻 임금인상에 대해 협의하자는 말을 못 꺼내고 있었다.

"네, 대표님 감사합니다. 저희도 이렇게 회사에서 먼저 협의를 제안해 주실 줄은 몰랐는데 먼저 손을 내밀어 주셔서 고맙게 생각합니다."

감성준 조장이 진심으로 감사의 뜻을 전했다. 훈훈한 분위기 속에 협의회가 시작되었다. 한근녹 팀장이 임금인상안에 대한 설명을 시작했다.

올해 임금인상안은 평균 4.0%로 정했습니다. 이는 작년 경제성장률 2.0%와 물가인상률 0.4%를 합한 2.4%보다 높은 수준이며, 작년 협약 임금인상률(노동조합이 있는 회사에서 임금협약을 통해 결정한 임금인상률) 평균인 4.0%와 동일한 수준입니다. 그리고 올해는 직급별로 인상률을 차등적용할 것을 제안합니다. 지금 우리 회사의 임금수준이 대리, 과장급은 타사 대비 낮은 편이고 부장급은 높은 편이므로 과장급 이하는 5.0%, 차장급 이상은 3.0%를 적용할 생각입니다. 그리고 생산직은 호봉인상률(매년 1호봉씩 상승하는 고정상승분)이 약 2.0%에 해당하므로 3.0%의 인상률을 적용하고자 합니다."

모두 과장급 이하로 구성된 근로자위원들은 인상률 차등적용 발언에 움찔했지만 하후상박(下厚上薄)의 인상률을 적용한다는 말에 속으로 쾌재를 불렀다. 하지만 최종 인상률에는 다소 실망감이 있었다.

"네. 차등적용이나 그런 건 회사가 합리적으로 판단하셔서 결정하신 거라 생각하고 존중하겠습니다. 다만, 최종 4.0% 인상률은 좀 실망스럽습니다. 경제성장률이니 물가상승률은 직원들의 기본적인 생활수준을 유지하기 위한 기본 인상률에 불과하고 협약 임금인상률은 노조가 있는 큰 회사들 얘기인데 솔직히 그런 대기업들이야 이미 높은 연봉을 받고 있으니 임금인상률이 낮아도 되지만 저희 같은 중소기업은 다르다고 생각합니다. 연봉이 높은 대기업은 인상률을 똑같이 적용해도 훨씬 높은 금액이 올라가는 거잖아요."

감성준 위원이 나름 논리적으로 인상률 상향을 주장하자 사용자 위원들은 당황하기 시작했다.

"아니, 회사에서 이렇게 까지 챙겨주면 '감사합니다'하고 받으면 될 것이지 뭘 높다 낮다 따지고 그러는 거예요? 듣자듣자 하니 너무 하는구만."

엄진근 본부장이 참지 못하고 불만을 터트려 버렸다.

"어휴 본부장님 이 자리는 노사가 동등하게 협의하는 자리입니다. 근로자 위원들이 직급이 낮다고 그런 식으로 말씀하시면 곤란합니다."

한근녹 팀장이 분위기가 악화되기 전에 초반 진화에 나서자 엄진근 본부장도 알아들었다는 듯이 고개를 끄덕였다.

"알았어. 계급장 떼고 대우하라 이거지? 오케이. 미안합니다. 감!성! 준! 위원님."

감성준 위원의 이름을 한 글자씩 끊어서 강조함으로써 마치 '끝나고 보자'는 식의 압박을 가하는 엄진근 본부장이다.

"네, 말씀하신 대로 경제성장률과 물가상승률은 참고데이터일 뿐이고요. 회사의 경영실적과 인건비 비율, 임금수준 등을 전체적으로 고려하여 정한 인상률입니다. 하후상박이라고는 해도 기본급 자체가 다르니 인상금액은 고직급이 더 높긴 하고요. 그리고 노조는 대기업만 있는 건 아니니까 협약 임금인상률은 전체 산업의 평균 임금인상률로 보셔도 무방할 겁니다."

"네. 그건 그런데, 저희 솔직히 작년에 매출 증가율이 30%가 넘었는데... 그럼 인상률도 타사보다 더 높아야 하는 거 아닌가요?"

근로자 측의 고실적에 따른 높은 인상률 요청은 이미 예상했던 것이었다.

필수 노무 개념 바로 알기

● 임금인상은 어떤 기준으로 해야 할까요?

1. **총 임금인상 재원결정** 경영실적, 재무현황, 산업전망, 투자계획 등 회사상황과 경쟁사 임금인상수준 및 임금인상률, 경영계/노동계 임금인상 가이드라인 등을 기초로 임금인상에 쓸 총 재원결정.

2. 직군별(사무직, 생산직 등) / 직급별(사원~부장) / 계약형태별(정규직, 계약직) 임금인상률 결정.

▶ 매출, 영업이익 등 변동적인 성과에 대해서는 성과급 등 비누적식 임금으로 보상하는 것이 바람직함.

"실적이야 변동적인 거니까 작년에 매출이 인상되었다고 올해 또 그러리란 법은 없죠! 게다가 아시잖아요. 지금 경쟁업체인 대규모 유아업체에서 올해 신상품 나올 예정이라 불안에 떨고 있는 거!"

한근녹 팀장이 몸까지 떨어가며 오버스럽게 얘기를 했지만 감성준 위원은 본인 생각에 빠져 미동도 없었다.

"그럼... 임금인상은 아니더라도 지난번 1차 협의회 때 논의한 대로 성과급은 지급하시는 거죠?"

"네. 그 때 합의한 성과급 지급기준에 따라 지급할 예정입니다."

성과급 지급예정이라는 말에 감성준 위원을 비롯한 근로자 위원들은 위안을 얻었고 더 이상 임금인상률에 반대할 명분도 없다고 느껴 임금인상안에 서명을 하고 협의회를 마무리 했다.

– 전직원 포럼 –

며칠 후 이정원 과장은 아침부터 분주하게 움직였다. 직무급 도입에 대한 전직원 포럼을 개최하기로 한 날이기 때문이었다. 직무급 도입의 경우 임금체계 개편이므로 기존에 연공급으로 명시되어 있던 취업규칙을 변경해야 했다. 게다가 근속수당이 사라지고 직무수당이 신설되므로 일부 직원에게는 취업규칙 불이익 변경에 해당되어 직원 과반수의 동의를 얻어야 했다. 그래서 단순 설명회가 아니라 포럼을 통해 허심탄회하게 얘기를 나누고 공감대를 형성하고 싶었다. 포럼장소도 특별히 신경을 써서 회의실 형태의 공간이 아닌 반원형태의 오픈식 강연장소로 마련하였다. 직원들이 모두 자리에 앉자 장승준 대표가 간단히 인사말을 하고 이정원 과장이 직무급 운영방식에 대해 설명을 하였다.

"어떤 궁금증이라도 좋습니다. 마이크 드리겠습니다. 편하게 말씀해 주십시오."

마이크가 객석으로 넘어 오자 마치 먹이를 낚아채는 독수리처럼 Seri강 팀장이 채갔다.

"안녕하세요. 상품개발팀장 Seri강입니다. 중소기업 특성상 한 사람이 다양한 일을 맡아서 해야 하고 그러다 보면 직무의 내용도 수시로 바뀔 수 있는데 그럼 지금 해놓은 직무평가가 다 의미 없어지는 거 아닌가요?"

이정원 과장은 Seri강 팀장의 지적을 이미 예상했다.

"네. 말씀하신 것처럼 직무의 내용이 일부 변경될 수는 있지만, 그렇다고 그 직무의 가치가 크게 바뀌지는 않습니다. 예를 들어 영업사원이 신규거래처를 추가로 받거나 했다고 다른 직무가 되지는 않으니까요! 물론 총무팀 직원이 퇴직하면서 인사담당에게 총무업무가 추가로 부여되는 경우라면 직무가치가 변경되었다고 할 수 있지만, 그건 정상적인 상황이 아닙니다. 직무급 도입의 전제조건은 회사가 지금까지처럼 R&R을 수시로 변경하지 않는 것입니다. 총무팀 직원이 퇴직하면 그에 맞춰 신규직원을 채용해야지 그 업무를 타 직무 담당에게 넘겨서는 안 됩니다. 그리고 매년 직무평가를 실시해서 미세하게 달라지는 직무의 가치도 다 반영하도록 할 것입니다."

이번에는 영업팀 직원이 질문을 했다.

"영업팀 김세황 차장입니다. 직무의 등급에 따라 직무수당이 정해진다고 하셨는데요. 그럼 회사가 인사발령을 내서 등급이 낮은 직무로 발령이 나면 임금이 줄어들 수도 있다는 말씀인가요?"

이정원 과장은 우려했던 부분을 생각보다 빨리 지적당하자 이마에서 식은땀이 흘렀다. 속인주의 임금체계에서 직무주의 임금체계로 변경하는 데 있어 가장 큰 장애물이 바로 임금감소와 직급강등 가능성이다.

"네, 맞습니다. 낮은 직무로 발령이 나면 임금도 줄어들고 때에 따라서는 직급도 강등될 수 있습니다."

순간 포럼장이 웅성웅성하기 시작했다. '회사가 맘에 안 드는 직원 내보내려고 이러는 거 아냐? 아니지, 전체적으로 인건비 아끼려고 그러는 거 같은데?' 온갖 추측성 발언이 여기저기서 들릴 듯 말 듯 새어나왔다. 이정원 과장은 자칫 잘못하면 취지가 왜곡될 수 있겠다 싶어 더욱 강렬한 눈빛과 어조로 말을 이어갔다.

"당장 내 임금이나 직급이 낮아질 수 있다는 생각에 불안하실 수 있지만 이건 우리 직원들에게 오히려 유리한 제도입니다. 다들 근속이 올라가고 직급이 높아질수록 무슨 생각이 드세요? 아~ 이제 퇴직이 얼마 안 남았구나! 이런 생각드실 겁니다. 그게 다 직무와 관계없이 임금과 직급이 높아져서 생기는 폐해입니다. 이런 고용불안정을 깰 수 있는 게 직무급입니다. 나이가 들고 근속이 높아져도 나에게 맞는 직무를 찾아 그에 합당한 임금을 받고 일을 한다면 회사도 명예퇴직이나 정년제도 같은 걸 통해 고연령 직원을 내보낼 이유가 없으니까요!"

이정원 과장의 말을 100% 이해는 못했지만 그래도 뭔가 자신의 고용안정성이 높아질 수도 있다는 생각에 방금 전의 동요는 다소 가라앉았다. 이후 몇 가지 질의응답이 더 오간 후에 장승준 대표가 맺음말을 위해 마이크를 들었다.

"임직원 여러분! 여기 계신 마미홈 직원들은 모두 제 자리에서 자기 맡은 일을 잘하고 계신다고 생각합니다. 하지만 저는 과거 회사에 다닐 때 밥값을 못하고 있는 선배들을 많이 보았습니다. 저 스스로도 그런 생각을 한 적이 있고요. 각자가 직무에 적합한 직급과 임금을 부여받는다면 정말 당당하게 회사에 다닐 수 있습니다. 그리고 회사도 절대 그 직원에 대해 퇴직압력 등을 가할 수 없습니다. 그리고 회사는 딱 맞아 떨어진 테트리스 조각들처럼 효율적으로 운영될 수 있습니다. 그러기 위해 이 바쁜 시기에 여러분 불편하게 하면서 까지 직무급을 도입하기로 결정한 것입니다. 모두 우리 마미홈과 여러분을 위한 발걸음임을 알아주시길 바랍니다. 감사합니다."

직원들은 장승준 대표의 마지막 발언에 마음이 차분해 졌다. 정확히는 모르지만 회사가 더 나아지고 나의 삶에도 긍정적인 영향을 줄 것 같은 느낌을 받았다. 그 결과 포럼장 입구에 놓아둔 임금체계 개편 동의서에는 90%가 넘는 직원들이 서명을 했다. 동의서를 챙겨들고 사무실로 돌아오면서 이정원 과장은 앞으로 직무급을 잘 정착시켜야 한다는 부담감이 커졌다. 그래도 합리적인 임금체계를 도입했다는 자부심에 신바람이 나서 콧노래가 절로 나왔다.

직원들의 가정을 지켜주기

08

직장과 아기 모두 소중합니다

– 임신은 모두에게 축복?! –

상품개발팀 김유경 과장은 주말이면 유아용품 할인매장에서 살다시피 한다. 결혼 7년차에 어렵게 임신에 성공했다. 결혼 후 줄곧 아이를 가지려고 노력했지만 번번이 실패하고 결국 난임 판정을 받아 인공수정 3회와 시험관 시술 2회 만에 어렵사리 얻은 아이다. 축복이라 생각하며 출산 용품을 준비하고 있지만 출산일이 다가올수록 고민도 깊어지고 있었다.

　육아휴직을 얼마나 써야 하나 걱정이었다. 법적으로 보장된 휴직은 1년. 과연 다 써도 될지 이래저래 눈치가 보였다. 마음 같아서는 법적 한도인 육아휴직 1년＋육아기 단축근로까지 1년 사용해서 아이에게 최선을 다하고 싶지만, 상품개발팀 내에 상품기획담당이 본인을 포함해 2명밖에 안 된다. 상품개발팀 Seri강 팀장은 입사한 지 얼마 안 되서 김유경 과장이 길게 자리를 비우기가 어렵다. 몇 달 전 제법 배가 나와 더 이상 펑퍼짐한 옷으로도 가리기가 어려워 조심스레 임신사실을 공개했을 때 Seri강 팀장은 과하게 축하해 주었다.

"oh~ my God~ 김 과장 드디어 아기 생긴 거야? 그 동안 맘고생 많았잖아? 몸 고생도 많았고! 정말 잘됐다 이제 절대 무거운 거 들지 말고 야근도 하지 마. ok?"

Seri강 팀장과의 얘기를 마치고 자리에 오자 상품기획담당 윤 대리가 곱게 눈을 흘기며 축하인사를 전했다.

"김 과장님! 축하드려요. 어쩜 옆에 있는 저한테도 비밀로 하셨어요? 그래도 정말 제가 다 기뻐요! 엄청 축하드려요!"

컴퓨터를 켜자 사내 메신저에 불이 나기 시작했다. 어떻게 알았는지 여기저기서 쏟아지는 축하 인사에 정신이 없을 지경이었다. 그 다음날은 책상 위에 노란색 장미로 빼곡하게 채워진 꽃바구니가 놓여 있었고 카드에는 〈김유경 과장, 엄마가 된 걸 진심으로 축하합니다 - 장승준 대표〉라는 메모가 적혀 있었다. 김유경 과장는 고마움에 울컥했다. 겨우 눈물을 참으며 대표실에 가서 장승준 대표에게 감사의 인사를 했다.

그러나 축복 받은 임신에 대한 감동은 육아휴직 신청을 하는 순간 바사삭 깨지고 말았다. 김유경 과장은 조심스럽게 Seri강 팀장에게 육아휴직 신청서를 내밀었다.

"팀장님, 제가 9월 20일이 출산 예정일이서요. 9월 10일부터 출산휴가 쓰고 이어서 육아휴직 1년 하려고요. 오늘 경영지원팀에 신청서 제출하려고 합니다."

Seri강 팀장은 임신소식을 처음 들었을 때의 반가운 표정과는 전혀 다른 냉담한 얼굴로 김유경 과장을 쳐다봤다.

"뭐라고요? 아니 미국에서는 다들 아이 낳고 2~3달 만에 조깅도 하고 유모차에 아기 태우고 산책도 다녀요. 무슨 1년씩이나 쉰다고 그래요?"

Seri강 팀장의 직설적인 말은 김유경 과장의 가슴에 그대로 박혔다.

"팀장님, 저희는 한국 사람이잖아요. 한국 사람은 체질이 달라서 미국엄마들처럼 아이 낳고 바로 아이스크림 먹고 돌아다니면 평생 고생해요! 그리고 아시다시피 저희 부모님도 다 지방에 계시고 아이를 돌봐줄 사람이 없어서 휴직을 꼭 해야 합니다."

"참… 김 과장 그렇게 안 봤는데 생각보다 너무 이기적이네요! 요즘 팀 사정 뻔히 알면서~ 신제품 개발도 해야 하는데, 윤 대리만 남겨놓고 나 몰라라 하겠다는 거예요? 그냥 3개월만 쉬고 나오도록 해요."

Seri강 팀장의 발언은 점점 더 기분 나쁘고 거칠어졌다. 김유경 과장 역시 물러서지 않았다.

"아니. 팀장님! 육아휴직은 법적으로 보장된 거라 회사의 승인을 받을 필요가 없는 거예요! 그리고 업무공백은 디자이너들도 있고, 영업팀 조대리가 상품개발업무 경험이 있어서 같이 도와가며 하면 가능하니다. 대체근로자를 채용해서 사용하실 수도 있고요."

"Ok! 김 과장은 무조건 1년 동안 휴직할 거라 이거지? 알겠어요, 그 렇게 보고할게요."

더 이상 협상이 불가하다고 느껴서인지, 아니면 법적 의무사항이란 말에 기가 죽어서인지 Seri강 팀장은 황급히 대화를 마무리 했다. 김유 경 과장은 경영지원팀에 육아휴직 신청서를 제출했다. 뭔가 찜찜했지 만, 그 때 마침 발길질을 하는 아기를 바라보며 '그래, 아가야~ 엄마 잘 했지?'라고 생각하며 다짐을 굳혔다.

그 날 오후, 영업본부장인 엄진근 본부장의 호출이 있어 본부장실로 올라간 김유경 과장은 다시 한 번 조직의 쓴맛을 봐야했다.

"어~ 김유경 과장, 육아휴직 신청했다며? 그것도 1년이나? 지금 안 그래도 상품개발팀 일손이 부족해서 난리인 거 알잖아! 조금만 배려해 주면 안 될까? 6개월 어때? 6개월이면 아기도 엄마손 덜 타고. 요즘 육 아도우미도 좋은 분들 많다고 하던데~."

엄진근 본부장이 사정조로 말을 했지만 본부장이라는 직책에서 오는 무게감이 만만치 않았다. 그 순간 김유경 과장은 가슴 속 깊은 곳에서 억울함이 솟구치는 것을 느꼈다.

"본부장님! 제가 무슨 과도한 요구를 한 것처럼 말씀하세요? 전 예비 엄마로서 당연한 권리를 행사하는 것뿐이라고요? 저는 앞으로 아기엄 마가 될 제 후배들을 위해서라도 육아휴직을 제 소신대로 쓰겠습니다."

김유경 과장이 눈에 힘을 주며 단호한 어조로 말하자 본부장은 얼마

전 받은 〈직장 내 모성보호교육〉이 생각났다. 김유경 과장의 말이 맞다.

　김유경 과장은 힘겹게 육아휴직에 대한 허락은 받았지만 자리로 돌아오는 내내 마음이 편치 않았다. 사실 엄진근 본부장이나 Seri강 팀장의 말이 다 틀린 건 아니다. 실제 상품개발팀에 일손이 부족한 상황이었고, 최근 신상품 개발로 더 바빠진 것도 사실이었다. 그렇게 죄인 아닌 죄인이 되어 불편한 맘으로 며칠이 지났을 때 Seri강 팀장이 다가와 따뜻한 차 한 잔을 내밀었다.

　"김 과장! 왜 그렇게 풀이 죽어 있어? 뭐 죄지었어? 호호."

　'지금 이 상황에서 웃음이 나온단 말인가? 역시 이해할 수 없는 분이군…'이라고 생각하고 있을 때 Seri강 팀장이 따뜻한 목소리로 말을 했다.

"임신기간 중 불공정한 대우 유형별 경험자 비율"

유형	비율
임신·육아 휴가 사용에 대한 불평	27.1%
임신·육아기 정시퇴근에 대한 불평	15.7%
감당하기 어려운 업무량 부과	14.5%
임금임상·성과급 차별	11.2%
승진대상 누락 등 차별	11.2%
의사에 반한 근무조건 변경	6.2%

임신, 출산 경험이 있는 30~49세 여성 1,376명 설문 조사(중복응답) / 한국여성정책연구원

"걱정 마~ 대표님한테 육아휴직 건 말씀드렸고 인원문제도 얘기했어. 김 과장 원하는 대로 1년 동안 영업팀 조 대리를 상품개발팀으로 발령 내서 일하게 하고 영업팀에는 1년 계약직으로 대체근로자를 채용해 주기로 하셨어. 경영지원팀 이정원 과장이 그러는데 고용노동부에서 대체인력 인건비도 지원해 준대."

Seri강 팀장의 얘기를 듣자, 김유경 과장은 막힌 속이 뻥 뚫리는 기분이었다. 그녀는 불룩한 배를 쓰다듬으며 '아가야~ 너가 복덩이인가 보다. 일이 술술 풀리네~ 고마워'라고 속삭였다.

– 배우자출산휴가 –

공장에서도 일·가정 양립관련해서 또 다른 문제가 발생했다. 생산팀 김 주임이 아내의 출산소식을 듣고 병원으로 달려가면서 배우자 출산휴가를 신청했기 때문이다. 물론 그 역시 처음 아내가 임신했다는 소식을 알렸을 때에는 생산팀 뿐만 아니라, 마주치는 공장직원들마다 축하의 인사를 보내줬다. 하지만, 막상 출산일이 되어 휴가를 간다고 하니 직속 상급자인 감성준 교대조장과 문현식 생산팀장은 골머리가 아팠다. 교대조 특성상 반드시 대체근무자가 들어가야 하고 그럼 같은 조에 있는 다른 근무자들이 몇 배로 고생을 해야 하는 상황이었다. 감성준 조장이 팀장을 찾아가 이런 상황을 얘기했고 문현식 팀장도 충분히 공감하여 김 주임에게 전화를 걸었다.

"김 주임~ 정신없지? 어때 제수씨는 괜찮아?"

"네, 팀장님 2시간 전에 출산했어요! 아기가 저를 쏙 빼닮은 거 같아요. 탯줄 자르는데 덜 익은 곱창 자르는 것처럼 잘 안 잘려서 엄청 고생했어요."

김 주임이 출산순간의 기쁨과 흥분을 가라앉히지 못한 채 떠들어 댔지만 문현식 팀장의 귀에는 들리지 않았다.

"어~ 그래그래 김 주임 축하해. 근데 말이야... 저기 혹시 배우자 출산휴가 그거 2~3일만 쓰면 안 될까? 알다시피 다른 교대조원들이 너무 고생할 거 같아서...괜찮겠어?"

"아... 네. 저도 10일이 좀 길다고 생각하고 있었어요! 그럼 3일만 쓰고 복귀할게요."

통화를 마치고 김 주임은 경영지원팀 이정원 과장에게 전화를 걸어 10일로 신청한 배우자 출산휴가를 3일로 바꾸겠다고 말했다. 이에 이정원 과장은 왜 그러냐고 물어봤고 자초지종을 들은 후에 본인이 문현식 팀장과 얘기하겠다고 말하고는 전화를 끊었다. 잠시 생각을 정리한 후 이정원 과장은 문현식 팀장에게 전화를 걸었다.

"팀장님, 안녕하세요! 경영지원팀 이정원 과장입니다."

"아~네 과장님, 오랜만이네요."

"네, 다름 아니라 김 주임 배우자 출산휴가 건으로 전화를 드렸는데요. 팀장님께서 휴가를 3일만 가라고 하신 건가요?"

"네, 10일을 다 쓰면 다른 조원들이 너무 야근을 많이 해야 해서요. 제가 그렇게 말했습니다. 본인도 동의한 거니까 괜찮은 거죠?"

문현식 팀장의 말을 들으며 충분히 이해는 갔지만, '지킬 건 지키자'라는 생각에 차근차근 설명을 시작했다.

"네, 팀장님 말씀에 저도 공감하는데요... 2019년 10월 1일부터 배우자 출산휴가를 무조건 10일 부여하도록 법이 바뀌었어요! 당사자가 10일 미만으로 신청해도 회사는 무조건 10일을 부여해야 합니다. 그것도 휴일은 제외하고요."

"엥? 정말요? 본인이 동의해도 안 된다고요?"

"네, 사실 대부분 직원들이 눈치 보여서 알아서 짧게 신청하는 경우가 많다보니 이렇게 강제해서라도 출산한 배우자를 도와주라는 취지죠."

문현식 팀장은 법적 의무사항이란 말에 더 이상 토를 달수가 없었다.

"네. 그렇다면 할 수 없죠. 근데 10일 연속은 좀 길긴 하네요."

"아~ 꼭 10일 연속으로 써야 하는 건 아니에요! 출산일로부터 90일 이내에 한 번 분할해서 사용할 수 있어요. 그러니 5일씩 정도로 나누어 써도 되는 거죠."

"아~ 그럼 그렇게 하라고 얘기해야겠네요! 5일 정도면 다른 조원들도 이해할 겁니다." 문현식 팀장은 이정원 과장과의 통화를 마친 후 김 주임에게 전화를 걸어 배우자 출산휴가의 분할사용에 대해 얘기했고 김 주임도 본인 입장에서도 와이프가 산후조리원에 있을 때는 굳이 휴가를 쓰지 않아도 되니 흔쾌히 5일씩 분할해서 쓰겠다고 했다. 이정원 과장은 컴퓨터 모니터에 '생산팀 김 주임 배우자출산휴가 지원금 신청'이라는 메모를 붙여놓았다. 배우자출산휴가를 사용한 경우 휴가시작일로부터 1개월 후에 지원금을 신청하면 5일치 임금을 고용노동부에서 지원해 주고 있으므로 이를 잊지 않도록 메모해 둔 것이다.

필수 노무 개념 바로 알기

- 육아휴직이란?
  만 8세 또는 초등학교 2학년 이하의 자녀를 양육하기 위한 휴직으로 남녀 다 사용할 수 있으며, 회사는 정당한 휴직신청을 거부할 수 없다.

- 배우자 출산휴가란?
  배우자가 출산한 경우 10일의 유급휴가를 부여하는 제도로 출산후 90일까지 1회 분할사용 가능하며, 회사는 휴가일을 줄일 수도 거부할 수도 없다.

- 임산부 근로시간 단축 -

상품개발팀 김유경 과장은 임신 36주가 되자, 하루가 다르게 배가 불러오면서 체력적 한계를 느끼기 시작했다. 가장 큰 어려움은 출퇴근이었다. 지하철역까지 임신 전에는 5분이면 갔던 거리가 이제는 10분이 넘게 걸렸고 12개 정거장을 가는 동안 임산부배려석이 비어있었던 적은 손에 꼽을 정도였다. 게다가 중간에 한 번 환승을 해야 하는데 환승역에서 워낙 사람들이 많다보니 밀려서 넘어질 뻔한 적이 한 두 번이 아니었다. 지하철역을 나와서도 회사까지 또 10분 이상을 걸어야 했다. 이렇게 1시간이 넘는 치열한 몸싸움 끝에 사무실에 도착하면 그야말로 온 몸에 기운이 다 빠져 차 한 잔 마시러 휴게실에 갈 힘조차 없었다.

육체적 고통은 출근 후에도 계속 되었다. 자리에 앉아 있어도 허리가 아파 주기적으로 일어나 허리를 펴고 스트레칭을 해야 했다. 조금만 말을 해도 숨이 차서 후임자인 영업팀 조 대리에게 인수인계를 할 때도 중간중간 쉬면서 숨을 고르고 설명을 이어가야 했다. 가끔 조대리가 애처로운 눈빛으로 쳐다보는 게 느껴질 때면 괜찮으니 신경 쓰지 말라고 안심을 시키곤 했다. 자주 오는 화장실 신호도 곤욕이었다. 화장실을 그야말로 문지방이 닳도록 다녀야 했다. 이런 현상은 밤에도 예외 없이 이어져 새벽에 주기적으로 깨는 바람에 늘 피곤한 상태였다. 이런 나날이 지속되다 보니 도저히 안 되겠다 싶어 결국 다시 한 번 Seri강 팀장에게 말을 했다.

"팀장님, 저 몸이 너무 힘들어서요. 출근이라도 러시아워를 피하려고요. 임산부 근로시간 단축 신청 좀 해야 할 것 같아요."

"What? 무슨 단축이요?"

싱글인 Seri강 팀장은 평소에 관심이 없어서 그런지 모성보호제도에 대해서는 문외한이나 다름없었다.

"네. 법적으로 임신 12주 이내 또는 36주 이후의 여성 근로자가 신청하면 임금은 유지한 채, 근로시간을 하루 2시간 줄여서 근무할 수 있는 제도예요. 저는 출퇴근이 가장 힘들어서 9시~18시 근무를 10시~17시 근무로 앞뒤 한 시간씩 줄이는 쪽으로 신청하려고요."

"아 육아휴직 신청해서 1년을 쉰다고 하더니 이제 근무시간도 줄이겠다고요? 정말 아기가진 게 무슨 벼슬도 아니고 왜 이렇게 티를 내요? 너무 이기적인 거 아니에요?"

Seri강 팀장의 꼰대 마인드는 타의 추종을 불허했다.

"팀장님! 그렇게 말씀하시니 너무 서운하네요. 저 정말 힘들어서 그런 거예요. 그리고 업무에는 절대 지장 없게 할 거고요!"

Seri강 팀장은 사실 후임자 충원까지 된 상태에서 김유경 과장이 2시간 근무시간이 줄어도 별 영향 없을 것이란 걸 알고 있었다. 하지만 신상품 개발로 이래저래 바쁜데 김유경 과장만 이런 저런 혜택을 누리는 것이 질투가 났다.

"좋아요! 그럼 매일 2시간씩 덜 근무하니까 대신 다음 주말에 있을 베이비 페어는 김 과장이 참석하세요! 설마 그것도 못하겠다는 건 아니죠?"

'만삭 임산부 직원에게 하루 종일 서 있어야 하는 주말 베이비페어에 가라고 하다니!' 정말 해도 해도 너무 한다 싶었지만, 시샘하는 마음에 심통 부리는 Seri강 팀장이 한 편으로는 짠하게 생각되어 화를 가라앉히고 차분한 목소리로 말했다.

"팀장님! 임산부한테는 연장근로를 아예 시킬 수 없습니다. 휴일이나 야간근로도 본인이 명시적으로 청구한 경우에 한해 근로자대표와의 협의를 거쳐 노동부장관의 인가를 받아야만 가능해요! 그러니 이런 식으로 충분히 다른 직원이 갈 수 있는 베이비페어에 저를 보내시는 건 부당한 겁니다."

"What? 뭐가 그렇게 복잡하고 까다로워요? 정말 대한민국은 임산부를 위한 나라인가 보네요! 관둬요! 저도 위법risk까지 부담하면서 일 시킬 생각은 없다고요! 쳇."

마지막 '쳇'이 Seri강 팀장의 기분을 그대로 보여주었다. 이렇게 한참의 논쟁을 거친 끝에 김유경 과장은 출산휴가까지 남은 3주간 2시간의 근로시간 단축을 신청하게 되었다.

Seri강 팀장과 김유경 과장의 논쟁 소리가 장승준 대표의 사무실에서도 들렸다. 슬쩍 나와 한근녹 팀장에게 상황을 물었다. 잠시 후 상품개발팀에 다녀온 한근녹 팀장이 장승준 대표에게 설명을 했다. 김유경 과장의 육아 휴직 신청부터 임신 기간 근로시간 단축, 김 주임의 배우자 출산 휴가까지. 장승준 대표는 이대로는 안 되겠다 싶었다. 아직 결혼을 안했지만 명색이 유아용품 회사 대표다. 임신부터 출산 그리고 육아까지 여성이 거의 떠맡는 게 남자인 장 대표 입장에서도 불공평해 보였다. 이번 기회에 제대로 된 마미홈만의 모성보호제도를 마련해야겠다는 생각을 했다.

"있어도 사용 못하는 육아휴직"

| 남성 | 육아휴직 사용 못했다. 72.1% | 사용했다. 27.9% |
| 여성 | 육아휴직 사용 못했다. 65.5% | 사용했다. 37.5% |

회원 1,131명 설문 조사(중복응답) / 인쿠르트

"사용하지 못한 이유"

상사 눈치	22.7%
육아휴직을 안 쓰는 회사 분위기	22.0%
경제적 부담	14.7%
경력공백 우려	8.7%
사용방법 모름	8.6%

– 부·모성 보호제도 –

며칠 후, 장승준 대표는 기혼 여성 직원들을 모두 화상회의실로 모이게 했다. 마미홈 기혼 여성 직원 수는 총 7명이고 본사에 4명, 천안공장에 3명이 근무하고 있기에 화상회의를 통해 의견을 묻기로 한 것이다. 먼저 장승준 대표가 회의의 취지를 말했다.

"여러분~ 안녕하세요! 이렇게 기혼 여성 직원만 모인 건 처음인 것 같네요! 다들 아시겠지만 최근에 모성보호 관련해서 이슈가 좀 있었습니다. 어떻게 보면 당연한 권리인데 아직도 당연하게 받아들여지지 않는 거 같아 안타깝네요. 그래서 '정말 출산과 육아에 필요한 지원이 무엇인지' 알고 싶어서 이 자리를 마련했으니, 허심탄회하게 말씀해 주시기 바랍니다."

다들 주저주저하며 눈치를 보고 있자, 이슈의 당사자인 김유경 과장이 먼저 나섰다.

"네, 대표님. 제가 먼저 말씀드리겠습니다. 제 생각에 일하는 엄마의 가장 큰 적은 '당연한 배려를 특혜라고 생각하는 편견'이라고 생각합니다. 이번에 육아휴직 등을 신청하면서 절실히 느꼈고요. 마치 지하철 임산부 배려석에 눈치 보면서 앉는 기분이었어요!"

"네, 맞아요! 마인드 변경이 제일 중요하죠. 근데 마인드 변경은 시간이 오래 걸리잖아요! 그래서 일단 제도를 통해 강제하다보면 자연스럽게 마인드도 조금씩 바뀔 거예요! 직장 내 성희롱도 먼저 처벌이 강화되고 나니까 마인드가 바뀌었잖아요!"

이번에는 제일 나이가 많은 물류팀 유과장이 말했다.

"네, 대표님 말씀에 공감하고요. 육아휴직자가 마치 잘못한 것처럼 피해보지 않도록 인사평가에서 육아휴직자는 최소 중간등급은 부여받게 해주세요! 그래야 여자는 물론, 남자들도 눈치 안보고 육아휴직을 신청할 수 있을 거 같습니다."

갑자기 인사평가 얘기가 나오자 잠시 당황했지만, 장승준 대표는 이와 관련해서도 평소 소신이 있었기에 자신 있게 대답했다.

"네, 일리 있는 의견이네요~ 하지만 육아휴직자가 너무 높은 등급을 부여받으면 오히려 열심히 근무한 직원들에 대한 역차별이 될 수 있어요. 그래서 육아휴직자는 최하등급은 받지 않도록 하는 게 좋을 것 같아요. 우리 회사는 어차피 A, B, C 등급이니 육아휴직자에게 C등급은 부여하지 않도록 방침을 정할게요. 하지만 육아휴직이 2년에 걸쳐 사용된 경우에는 많이 사용한 해의 경우만 이 방침을 적용할게요. 어쨌든 일을 안한 건 사실이니 2년이나 보호해줄 수는 없죠."

장승준 대표가 논리적으로 설명하자 다들 고개를 끄덕이며 수긍하는 눈치였다.

"그리고... 제가 아이를 키워보니 가족이나 육아도우미도 갑자기 사정이 생겨서 아이를 돌보지 못하는 날이 간혹 있더라고요. 그래서 회사 어린이집이 있으면 너무 좋을 거 같습니다."

'흠... 어린이집 얘기까지 나오다니' 순간 장승준 대표는 직원들의 바람이 너무 크다는 생각이 들었다.

"저희 회사 수준에서 회사 어린이집을 설치하는 건 과하다고 봅니다. 본사와 공장에 각각 설치해야 하는데 비용도 많이 들고 그만큼 아이들도 없고요. 어린이집 요청은 현실적으로 들어드릴 수가 없습니다."

장승준 대표는 아무리 좋은 취지라 할지라도 '된다 안 된다.'에 대한 맺고 끊음은 확실히 해야 한다고 생각했다. 그렇지 않으면 오히려 요구한 사람을 희망고문하게 되고 새로운 오해와 불만이 싹 틀 수 있기 때문이었다.

"대표님, 그리고 임신기간 중 자리에 오래 앉아 있으면 허리도 많이 아프고 그래서요. 출산 후에는 유축 할 공간도 필요하고요. 전에 유과장님 얘기 들으니 화장실 변기 위에서 유축 했다고 하시더라고요. 그건 좀 아니잖아요."

"아~ 그런 일이 있었군요. 그런 것까지는 전혀 생각을 못했네요. 그런 건 얼마든지 할 수 있죠. 지금 여자휴게실 안에 별도로 임산부를 위한 공간을 마련하겠습니다. 음... 이름도 Mom's room 어때요? 커튼도 치고 간이침대도 하나 놓고, 유축 할 공간도 마련하고요. 아! 작은 냉장고도 필요하겠네요. 모유를 냉장 보관해야 하니까요! 자~ 또 필요한 사항이 있으신가요?"

한 동안 침묵이 흐르자, 장승준 대표는 다시 한 번 여성 기혼직원들이 다니기 좋은 회사가 될 것을 약속하고는 회의를 마쳤다. 장승준 대표는 며칠 후, 회사게시판에 전체공지로 글을 올렸다. 제목은 "부·모성을 소중히 생각하는 마미홈 식구들이 되어 주세요"였다.

　임직원 여러분 안녕하세요. 장승준입니다. 이렇게 전 직원 분들을 대상으로 글을 쓰는 것도 오랜만이네요. 제가 최근에 임신, 육아와 관련한 일련의 사건들을 보면서 느낀 점이 있어 이렇게 글을 올립니다.

　먼저 저는 모성보호라는 말부터가 어패가 있다고 생각합니다. 왜 부성은 빠져있나요? 임신, 출산이야 어쩔 수 없다 해도 육아는 당연히 아빠와 엄마가 같이 해야 하는 거 아닌가요? 왜 육아휴직은 당연히 엄마만 해야 하는 건가요? 아직도 남자가 육아휴직 신청하면 '저 친구는 성공하기는 힘들겠구만.' 심지어 '회사 그만두려고 그러나?'와 같은 반응이 나오는 게 정상이라고 보십니까? 혹시 '라테파파'라는 말 들어 보셨나요? 한 손에는 라테를 들고 다른 한 손으로 유모차를 끌고 다니는 스웨덴 아빠들을 일컫는 말입니다. 그 만큼 스웨덴에서는 아빠가 육아를 하는 모습이 일상적이라는 거죠. 보통 어린이집에 아이를 데리러 가는 아빠와 엄마의 비율이 5:5라고 합니다. 재밌는 얘기 해드릴까요? 스웨덴 아빠들이 하루에 평균 아이와 보내는 시간이 얼마나 되는 줄 아세요? 5시간이랍니다. OECD 평균인 47분의 6배에 달하죠. 그럼 과연 한국 아빠들은 하루에 얼마나 아이와 시간을 보낼까요? 두두두둥 짠! '6분'이랍니다. 오타 아닙니다. 60분 아니고 6분 맞고요. 정말 충격적이지 않나요? 정말 대부분의 아빠들이 육아는 엄마의 몫이라고 아직도 생각한다는 증거입니다. 이제 우리 마미홈 식구들부터 바꿉시다. 이미 법적으로는 스웨덴 못지않게 모성보호, 아니 부모성 보호제도가 다 보장

되어 있습니다. 문제는 우리 마인드가 제도를 쫓아가지 못하는 거죠!

어느 TV 광고에서 엄마 품에 안긴 아기가 출근하는 아빠를 보고 "아빠~ 또 놀러 오세요!"라고 손을 흔드는 모습이 우리의 자화상이 되지 않기를 진심으로 바랍니다. 우리 모두 회사와 가정 모두에서 꼭 필요한 사람이 됩시다. 아자아자 화이팅!!! 키보드에서 손을 떼고 커피 잔을 들며 장승준 대표는 속으로 결심했다. '나부터 나부터 나부터!'

장내석 노무사의 상담실

Q 모성보호를 위한 법적의무사항은 어떤 게 있나요?

A 아래와 같은 사항들이 있습니다.

- **해고금지** : 육아휴직 기간동안에는 해고를 할 수 없음(산전후휴가기간과 종료후 30일 동안에도 해고 금지).

- **휴가보호** : 연차휴가 산정에 있어서 산전후휴가와 배우자출산휴가, 육아휴직기간 모두 출근한 것으로 인정됨(육아휴직은 2018. 5. 29. 이후 사용한 경우 적용).

- **연장근로금지** : 임신 중인 직원은 연장근로가 금지되며, 출산 후 1년이 안된 직원은 1일에 2시간, 1주일에 6시간, 1년에 150시간 이하로만 연장근로가 가능함.

- **원직복귀** : 출산전후휴가, 육아휴직을 마친 후에는 휴가, 휴직 전과 같은 업무 또는 같은 수준의 임금을 지급하는 직무에 복귀시켜야 하며, 해당기간은 근속기간에 포함시켜야 함.

공정하고 엄격한 징계조치

09

잘못에 대해선 엄격하게!

- 최 과장의 헛된 욕심 -

물류팀 구매담당인 최성덕 과장은 자신만의 버킷리스트를 작성하여 책상 앞에 붙여 놓았다.

'벤츠 E클래스 카브리올레 타기, 천안 내 최고급 타운하우스에 살기, 크루즈타고 지중해 여행하기, 모델 같은 여자 친구와 호텔에서 결혼식하기, 할리데이비슨 오토바이 타고 남미대륙 횡단하기...' 정말 꿈같은 일들이었다. 최성덕 과장은 아침마다 본인이 작성한 버킷리스트를 보며 부푼 가슴을 안고 하루를 시작했다. 하지만 시간이 지날수록 현실적으로 리스트에 있는 것 중에 어느 것 하나도 이루기가 어렵다는 걸 느끼며 점점 우울해져만 갔다.

사실 최성덕 과장은 꽤 부유한 환경에서 태어났다. 그의 할아버지는 자그마한 보석상을 운영하셨는데 거기서 벌어들인 돈으로 강남에 땅을 구입하셨다. 70년대 후반에 그 땅에 도로건설계획이 결정되면서 보상금을 두둑하게 받으셔서 부를 축적하셨다. 최성덕 과장의 아버지는 그 부를 이용해 음식점을 차렸으나, 고급스럽게 인테리어만 하고 운영은 주방장에게 맡기다시피 하다 보니 결국 큰 손해만 입고 장사를 접었다. 이후 몇 차례 재기를 노렸으나, 같은 실수를 반복하며 최성덕 과장이 대학에 입학할 무렵에는 등록금조차 내기 어려운 처지가 되었다. 모든 게 그렇듯, 원래 없던 것과 있다가 없게 된 것의 상실감 차이는 비교할 수 없을 만큼 큰 법이었다. 이후 최성덕 과장은 오로지 다시 부자가 되겠다는 일념 하나로 살아왔다. 그러다 보니 버킷리스트에 있는 꿈들도 모두가 큰돈이 들어가는 것뿐이었다. 직장생활을 하면서도 주식은 물론, 가상화폐 등 일확천금을 노리며 수차례 투자인지 투기인지 모를 행위를 했지만 번번이 고배를 맛봐야 했다. 다행히 열심히 일한 성과를 인정받아 올해 과장으로 진급도 했지만, 마음 안의 갈급함은 채워지지 않았다.

최성덕 과장은 여느 때와 같이 아침 일찍 출근해 자리에서 이번 달 구매목록을 체크하고 있었다. 갑작스럽게 물류팀 이승식 팀장이 전화로 호출했다. 팀장의 자리에 가자마자 불호령이 떨어졌다.

"최 과장! 도대체 무슨 짓을 한 거야? 어?!"

최성덕 과장은 사실 걸리는 게 많았지만 일단 모르쇠로 일관했다.

"네? 무슨 짓이라뇨? 팀장님. 무슨 말씀하시는 지 전혀 모르겠는데요..."

"뭐? 정말 몰라서 하는 말이야? 이거 봐봐! 유아매트리스 원재료인 스펀지 구매입찰과정에서 특정 스펀지업체가 3년 동안 계속해서 낙찰됐잖아! 그리고 입찰가가 우리가 애초에 품의했던 낙찰예상가와 거의 일치하고 말이야! 심지어 이 업체는 계속해서 납품가를 조금씩 올렸는데도 계속 납품업체로 선정되었고! 이거 누가 봐도 짜고 치는 고스톱 아냐?"

"네? 지금 저를 의심하시는 건가요? 팀장님이 생각하시는 그런 거 아닙니다. 성원스펀지의 메모리폼 제품이 품질이 뛰어나고 가격도 합리적이어서 선정되었을 뿐이라고요!"

최성덕 과장은 너무 긴장한 탓에 다리가 후들후들 떨렸지만, 최대한 침착한 말투로 팀장의 말을 반박했다.

"그래? 정말 모르는 일이라 이거지? 알았어. 일단 가 봐!"

사실 최성덕 과장은 성원스펀지의 영업상무인 박 상무와 5년 전부터 잘 아는 사이였다. 마미홈에 입사하기 전 가구회사 물류팀에서 일할 때 처음 인사를 하고 안면을 텄다. 그 당시는 구매권한이 없어서 박 상무와 별다른 친분이 없었지만, 마미홈으로 자리를 옮기고 나서는 180도 상황이 바뀌었다.

마미홈에서는 구매담당이 2명뿐이라 원자재별로 담당을 나누어 각자 납품업체 선정절차를 진행하였다. 물론 물류팀장과 생산본부장이 최종 결재를 하지만 그들은 품의서 상의 입찰가와 품질내역 등을 보고 승인여부를 결정할 뿐이었다. 그러니 실질적으로 구매실무담당이 납품업체를 선정한다고 봐도 무방했다. 최성덕 과장은 그동안 성원스펀지가 납품업체로 선정되도록 타사들의 입찰가를 박 상무에게 알려주었고 매년 최저 입찰가를 5%씩 인상해서 성원스펀지가 높은 가격에 납품함으로써 고수익을 낼 수 있도록 해주었다. 물론 그 대가로 매달 납품가의 일부를 리베이트로 받아왔다.

　최성덕 과장은 자리에 돌아오자, 그 동안 박 상무에게 리베이트로 받아 온 상품권부터 챙겼다. 10만 원짜리 10묶음의 상품권 뭉치 수십 개가 책상서랍에 차곡차곡 쌓여 있었다. 오늘 안에 치워야 한다고 생각하고 백화점 종이 가방에 담아 집에 가져갈 준비를 했다. 상품권이 가득 담긴 종이 가방을 탈의실 캐비닛에 넣고는 문을 잠갔다. 탈의실에서 나오는 길에 자재담당 권 대리와 눈이 마주쳤지만 괜히 멀쩡한 옷에 먼지를 털면서 애써 모른 채하고는 밖으로 나갔다. 도저히 숨이 막혀 자리에 앉아 있을 수가 없었다.

- 적발된 비위행위 -

그 시각 이승식 팀장은 납품과정에서의 비위행위를 확인하기 위해 성원스펀지에 전화를 걸었다.

"네~ 성원스펀지입니다."

점심시간 이후의 나른함이 그대로 담긴 목소리로 전화를 받는 직원의 목소리를 뒤로 하고 이승식 팀장은 영업담당 박 상무와의 통화를 요청했다. 잠시 후, 누구에게 걸려 온 전화인지 모르는 박 상무가 한층 더 나른한 목소리로 전화를 받았다.

"아~함, 네 여보세요? 누구시죠?"

"네, 안녕하세요. 저 마미홈 물류팀장 이승식입니다"

"아이쿠~ 팀장님, 안녕하십니까? 우리 바쁘신 마미홈 팀장님께서 직접 전화를 다 주시고…"

박 상무는 반쯤 누웠던 자세를 고쳐 앉고 영업으로 잔뼈가 굵은 영업맨답게 너스레를 떨었다.

"아, 네. 잘 지내셨죠? 다름 아니라 제가 상무님께 여쭤볼 게 좀 있어서요. 전화로 하기는 그렇고 시간되시면 커피나 한 잔 하실 수 있을까요?"

박 상무는 순간 움찔하며 머릿속이 복잡해 졌지만 이미 사무실에 있다는 것도 들킨 상황이어서 할 수 없이 약속을 잡았다. 한 시간 후 이승식 팀장과 박 상무는 마미홈 근처 허름한 다방에서 쌍화차를 앞에 두고 만났다. 아무래도 비밀스런 대화를 해야 하기 때문에 사람이 많은 커피숍보다는 손님이 거의 없는 다방에서 만나자고 한 것이다. 이승식 팀장의 예상대로 오후 4시 경의 다방에는 다른 손님이라고는 멀찍이 떨어진 한 테이블 밖에 없었다.

"상무님, 오랜만이네요. 잘 지내셨어요?"

"아~네 다 팀장님 덕분이죠. 허허허."

불안감을 감추고 여전히 너스레를 떠는 박 상무였다.

"상무님, 제가 최근에 몇 년 치 입찰내역을 다시 살펴보면서 이상한 점을 발견했는데요. 성원스펀지가 타 입찰가 대비 kg당 5천 원씩 낮게 입찰가를 제출하셨더라고요. 그것도 3년 연속으로요."

"아! 그랬나요? 제가 참 운이 좋았네요. 전 정말 몰랐습니다."

일단 박 상무는 시치미를 떼기로 했다.

"그래요? 올해 초에 법인카드 내역 보니까, 성원스펀지 회사 근처 고급 술집에서 결재한 내역이 있던데... 최성덕 과장하고 같이 드신 거죠? 이미 최 과장이 시인했으니까 발뺌하지는 마시고요!"

'아니, 최 과장 이 사람... 무슨 생각으로 그걸 인정한 거야? 혹시 치사하게 혼자 살려고 나한테 덤터기 씌우려는 거 아냐?' 이런 생각이 들자 박 상무는 더 이상 모르쇠로 일관해선 안 되겠다는 생각을 했다.

"아~ 그거요? 최 과장이 굳이 사겠다고 해서 제가 할 수 없이 얻어먹은 겁니다. 그냥 간단하게 술 한 잔 한 거예요."

"원청사가 납품사 상무에게 술 접대를 하는 게 말이 됩니까? 선수들끼리 뻔한 거짓말 하지 마시고요. 리베이트 얼마 주셨어요? 지금 본부장님은 물론 대표님까지 다 알고 있는 상황입니다. 앞으로 납품은 중단되겠지만, 솔직하게 말씀하시면 지금까지 입찰비리에 대한 손해배상소송은 하지 않겠습니다."

이승식 팀장이 손해배상소송까지 언급하며 압박을 하자 박상무는 이미 다 들통 났다고 생각했다. 물론 이 모든 건 어디까지나 이승식 팀장의 추측일 뿐이었다.

"팀장님... 사실 최 과장이 저에게 먼저 제안을 한 겁니다. 자기한테 리베이트를 주면 납품업체로 선정해 주겠다고 말하더라고요! 그러면서 리베이트는 현금이나 입금을 하면 곤란하니, 상품권으로 달라고도 했고요."

"그래서 상품권을 얼마나 주셨습니까?"

"네. 지금까지 매년 1천만 원 정도씩 총 3천만 원 정도 주었습니다."

이승식 팀장은 설마 했던 일이 사실로 확인된 데 한 번, 그 금액이 상상보다 훨씬 크다는 점에 또 한 번 놀랐다. 이승식 팀장은 박 상무에게 방금 말한 내용에 대해 자필로 확인서를 쓰게 한 후 자리를 떠났다.

이승식 팀장은 회사로 돌아오자마자, 최성덕 과장을 불렀다.

"최 과장! 지금 성원스펀지 박 상무 만나서 다 확인하고 왔으니 더 이상 시치미 뗄 생각하지 말고!! 도대체 왜 그런 거야?"

최성덕 과장도 방금 박 상무에게 문자를 받은 터라 이미 모든 걸 내려놓고 숨겨놓은 상품권까지 가지고 간 상태였다.

"팀장님… 죄송합니다. 한 번만 봐주시면 다시는 이런 일 없도록 하겠습니다. 제가 미쳤었나 봅니다."

눈물까지 보이며 읍소했지만, 이승식 팀장은 그냥 넘어갈 사항이 아니라고 판단했다.

"최 과장! 우리가 함께한 시간을 생각하면 안타깝지만, 이번엔 그냥 넘어갈 수가 없네. 미안하네."

이튿날 이승식 팀장은 경영지원팀장인 한근녹 팀장에게 모든 사실을 알렸고 최근 3개년 입찰내역, 박 상무의 사실 확인서 및 최 과장이 반납한 상품권까지 모두 보냈다.

- 인사위원회 개최 -

한근녹 팀장은 사태의 심각성을 깨닫고 장승준 대표에게 사건에 대해 보고하고 인사담당 이정원 과장에게는 인사위원회 개최를 준비하라고 지시했다. 한근녹 팀장은 좋게 말하면 정이 많고, 나쁘게 말하면 단호하지 못한 성격을 가지고 있었다. 최성덕 과장의 비위사실을 알고도 가장 먼저 그와의 추억을 떠올렸다. 지난 설에도 별 거 아니라며 굳이 주소까지 물어봐서는 과일상자를 보낸 게 생각났다. 한편으로는 '그 과일도 박 상무에게 받은 상품권으로 산 거 아닌가?' 하는 생각에 은근 죄책감도 들었다.

그에 반해 이정원 과장은 칼 같은 면이 있었다. 특히 회사에 고의적으로 해를 끼치는 이런 비위행위에 대해서는 인정 사정 없는 스타일이었다. 그녀는 바로 취업규칙 파일을 열어서는 징계사유를 확인했다. 이전에 다니던 회사에서 취업규칙에 없는 징계사유로 징계를 했다가 부당징계로 노동위원회에서 인정받았던 기억이 떠올랐다. 취업규칙에는 12가지 징계사유가 명시되어 있었고 최성덕 과장의 경우, '2. 업무상 비밀 및 기밀을 누설하여 회사에 피해를 입힌 자'와 '7. 직무를 이용하여 부당한 이익을 취한 자'에 해당되었다. 취업규칙 상 징계절차도 반드시 지켜야 하므로 내용을 확인해 보니 '회의 5일 전까지 징계대상자에게 인사위원회 출석통지를 해야 한다'는 것과 '2번의 출석통지에도 출

필수 노무 개념 바로 알기

• 징계란?
종업원의 근무규율이나 그 밖의 직장 업무태도 행위에 대한 제재로서 근로자에게 노동관계 상 불이익을 주는 조치.
(사용자가 근로자에게 부과하는 경고, 견책, 감급, 징계해고 등의 조치) 근로자에게 징계사유가 있어 징계처분을 하는 경우 어떠한 처분을 할 것인가는 원칙적으로 징계권자의 재량에 맡겨져 있다.

• 징계사유가 정당한 사유로 인정받기 위해서는
① 그 징계 사유가 사회통념상 타당한 사유인지,
② 징계권자가 재량권을 남용한 것은 아닌지 등을 판단해야 한다.

석을 거부하거나 답변이 없을 경우에는 출석의사가 없는 것으로 간주한다는 것' 외에는 특별한 절차가 명시되어 있지 않았다. 이정원 과장은 이메일과 문자로 최성덕 과장과 인사위원회 위원들에게 사유, 일시, 장소 등을 포함한 인사위원회 개최통보를 하였다.

인사위원회 위원은 장승준 대표와 엄진근 영업본부장, 한근녹 팀장 그리고 이정원 과장으로 구성되었다. 규정상 직속 상사인 이진구 생산본부장과 이승식 물류팀장은 위원에서 제외되었다.

– 마미홈 첫 인사위원회 –

일주일 후 본사 회의실에서 인사위원회가 개최되었고 최성덕 과장은 회의개최 시작 30분 전인 오후 2시 30분에 본사에 도착하여 대기하였다. 평소에 작업복을 입고 근무하던 최성덕 과장은 양복을 멀끔하게 빼입고 와이셔츠 첫 단추가 보이지 않을 정도로 넥타이도 타이트하게 맨 상태로 주먹을 쥐었다 폈다 하며 긴장된 모습을 감추지 못하고 앉아 있었다. 오후 3시가 되자, 인사위원회가 개최되었고 한근녹 팀장이 간단한 사건개요 및 당사자 신분확인을 한 후 위원들의 질의가 시작되었다.

"최성덕 과장, 성원스펀지에 타 업체들의 입찰단가를 알려준 사실이 있습니까?"

위원장인 장승준 대표는 평소와는 다르게 무표정한 얼굴로 냉정하게 물었다.

"그런 적 없습니다."

"아니, 그런데 어떻게 성원스펀지가 3년 연속으로 타 업체보다 5천 원, 4천5백 원, 6천 원 이렇게 근사치로 낮게 제시할 수가 있겠습니까?"

"정확히 금액을 알려주지는 않았습니다. 다만, 성원스펀지 황 부장이 제시한 입찰단가에 대해 '그 정도면 높은 편은 아닙니다.'라고 사실 확인을 해 준 적은 있습니다." 회의내용을 녹취하며 듣고 있던 이정원 과장은 '그게 그거 아닌가?'라고 혼잣말을 했다.

"최성덕 과장, 성원스펀지에서 납품업체 선정대가로 상품권을 받은 적이 있습니까?"

"네, 하지만 제가 달라고 한 적은 없습니다. 그리고 납품업체 선정대가도 아니었습니다. 그리고 무엇보다 전 그 상품권을 하나도 사용하지 않았고 다 반납했습니다."

"반납여부는 중요하지 않습니다. 이 자리는 부당한 방법으로 납품업체를 선정하고 거기에 대한 대가를 받았는지를 확인하기 위한 자리입니다."

장승준 대표가 위압감을 주기 위해 한층 목소리를 높였지만, 최성덕 과장은 눈 하나 깜박하지 않았다.

"네, 제가 실수를 한 건 사실입니다. 하지만 영업사원들도 제가 알기로 거래처에 접대도 하고 일부 직원은 선물도 받는 거로 아는데요? 저와 똑같은 상황 아닌가요?"

영업사원 얘기에 엄진근 본부장이 발끈하고 나섰다.

"그게 어떻게 똑같은가? 영업사원이야 공식적으로 다 승인받은 접대비로 영업활동을 하는 거고 선물은 설이나 명절에 업체 간 관행으로 주고받은 거지! 자네처럼 개인적으로 착복하는 거하고는 완전히 다른 거라고!!!"

엄진근 본부장의 엄포에도 주눅 들지 않은 최성덕 과장은 이후 몇 차례나 본인의 억울함을 당당하게 호소했고 더 이상의 회의는 의미가 없다는 생각에 장승준 대표는 한근녹 팀장에게 눈짓으로 폐회하라는 신호를 주었다.

최성덕 과장은 쾅 소리가 나게 문을 닫고는 회의실을 나가버렸다. 위원들은 폐회 후 징계수위에 대해 논의를 하였고 한근녹 팀장이 정직을

리더들이 놓치기 쉬운 HR 상식

- 인사위원회 개최 시 유의할 점은?
  - 규정(취업규칙, 징계규정 등)에 명시된 징계사유를 근거로 삼아야 함.
  - 규정 상 징계절차를 철저히 지켜야 함(사전통보, 인사위원회 구성 등).
  - 당사자에게 반드시 소명기회를 부여해야 함(서면을 통한 소명도 가능).
  - 사건과 직접 연관이 있는 임직원은 인사위원회 위원에서 제외시켜야 함.
  - 회의결과는 반드시 문서로 사건당사자에게 통보해야 함.

주장했지만, 장승준 대표와 엄진근 본부장이 해고를 주장함으로써 2:1로 해고로 의결이 되었다. 징계결과는 최성덕 과장에게 통보되었고, 최성덕 과장이 재심을 요청했으나 받아들여지지 않았다. 근로기준법상 해고예고의 예외사유인 〈납품업체로부터 금품 또는 향응을 제공받고 불량품을 납품받아 생산에 차질을 가져온 경우〉와 〈사업의 기밀, 그 밖의 정보를 경쟁관계에 있는 다른 사업자 등에 제공하여 사업에 지장을 가져온 경우〉에 해당되는 것으로 판단되었지만, 혹시나 하는 마음에 해고예고수당도 지급하였다. 그렇게 최성덕 과장의 구매입찰 비리사건은 마무리 되는 듯 보였다. 하지만 이정원 과장은 뭔가 찜찜한 기분을 지울 수 없었고, 이는 곧 현실이 되었다.

– 부당해고 구제신청과 심문회의 –

해고일 이후 2달이 지난 시점에서 지방노동위원회로부터 부당해고 구제신청이 접수되었다는 공문과 함께 최성덕 과장이 제출한 이유서 사본이 회사로 발송되었다. 이유서의 내용은 간단했다.

본인의 해고가

1. 거래처에서 선물을 받은 영업사원과의 형평에 어긋나다는 점과

2. 회사가 금전적 손실을 입지 않았음에도 해고한 것은 징계양정이 과하다는 점

3. 재심을 요청하였음에도 재심기회를 부여하지 않았다는 점이었다.

이는 누가 봐도 이해하기 힘든 주장이었지만, 구제신청이 접수된 이상 회사로서는 대응하지 않을 수 없었다. 2차례에 걸쳐 신청인 최성덕 과장의 이유서와 피신청인인 회사 측의 답변서가 오간 후, 소송에서의 재판에 해당하는 심문회의 날짜가 잡혔다.

장승준 대표가 변호사나 노무사 선임을 고민하자, 이정원 과장은 이번 사건은 정당한 해고임이 명확하므로 본인이 직접 담당하겠다고 했다. 그렇게 불안하고도 초조한 시간이 지나고 심문회의 날이 되어 한근녹 팀장과 이정원 과장이 위임장을 가지고 서울지방노동위원회로 찾아갔다. 2층에 위치한 사용자대기실로 가는 길에 근로자대기실로 향하는 최성덕 과장을 발견했다. 혼자인 걸로 보아 그 역시 별도의 대리인은 선임하지 않은 듯 했다. 그는 한근녹 팀장을 보자 사용자대기실로 쫓아 들어와서는 협박인지 사정인지 모를 말을 시작했다.

"팀장님~ 제가 잘못한 거 압니다. 하지만 해고는 너무 하다고 생각합니다. 지금 같은 코로나 시국에 어디 취업할 데도 없고요. 저 정말 가진 돈도 다 떨어졌어요. 상품권도 다 회사에 반납했고 성원스펀지가 납품업체로 선정되었다고 회사가 손해 본 것도 없잖아요! 품질에 문제도 안 생겼고요. 그러니 저 좀 복직 시켜주세요. 안 그럼 중노위는 물론, 행정법원, 고등법원, 대법원까지 피곤하게 할 수밖에 없습니다. 전 잃을 게 없으니까요!!!"

"지금 협박하는 건가? 최 과장, 이미 끝난 일이야! 이제 되돌릴 수 없어."

최성덕 과장은 쾅 소리가 나게 문을 닫고 사용자대기실을 나갔다. 잠시 후 노동위원회 조사관이 들어와 심문회의 참석자 명단을 확인하고는 심문회의가 열릴 심판정으로 안내했다. 한근녹 팀장은 심판정 사용자측 자리에 앉고 보니 '최 과장이랑 잘 얘기해서 다시 복직시키는 게 좋을 걸 그랬나?'하는 생각이 들었다. 이정원 과장이 한 치의 흔들림 없이 자료파일을 꺼내 회의준비 하는 모습을 보며 다시 한 번 정신을 가다듬었다.

긴장되기는 최성덕 과장도 마찬가지였다. 2달 동안 재취업을 위해 여기저기 뛰어다녔지만 사회는 냉정했다. 이렇게라도 해서 복직이 안되면 실업급여라도 받아볼 요량으로 구제신청을 했지만 가능성 없는 싸움이라는 걸 잘 알고 있었다.

근로자, 사용자 양측이 자리에 앉자, 경영학과 교수, 법대 교수, 변호사로 구성된 공익위원 3명과 노조위원장인 근로자위원, 기업임원인 사용자위원이 입장했다. 공익위원들이 중앙에 자리했다. 이들을 중심으로 근로자위원이 우측, 사용자위원이 좌측에 자리했다. 엄중한 분위기 속에 먼저 참석자들에 대한 신분확인을 했다. 이어서 조사관이 이유서와 답변서를 기초로 정리한 사건개요 및 양측의 주장내용을 요약 발표했다. 양측이 사실과 다르지 않음을 확인하자 공익위원 중 가장 왼쪽에 위치한 주심이 먼저 질의를 시작했다.

"신청인께 먼저 묻겠습니다. 신청인! 성원스펀지의 박재천 상무에게 타 입찰업체의 제안단가를 알려준 사실이 있나요?"

"없습니다. 저는 박 상무의 유도심문에 넘어간 것뿐이지 구체적 금액을 알려준 적은 없습니다."

"유도심문에 넘어갔다는 게 무슨 뜻이죠?"

"본인이 제시한 단가보다 타 업체 단가가 높은지를 확인하는 질문이었습니다. 저는 그냥 사실 확인을 해 준 것뿐입니다."

"신청인은 구매업무를 몇 년이나 했죠?"

"이전 회사까지 총 6년 했습니다."

"아니, 구매업무를 6년이나 하신 분이 입찰가는 철저히 비밀 유지해야 한다는 사실도 모르셨나요?"

"아니... 전 그냥..."

최성덕 과장이 궁지에 몰리자 한근녹 팀장은 쐐기를 받아야 겠다는 생각에 나섰다.

"지금 신청인은 거짓말을 하고 있습니다. 처음부터 리베이트를 받을 목적으로..."

"피신청인에게 묻지 않았습니다. 차례가 되었을 때 발언하세요!"

공익위원이 강한 어조로 꾸짖듯이 말을 하자 한근녹 팀장은 억울하기도 하고 괜히 나섰나 싶어 얼굴이 상기되었다.

"신청인에게 다시 묻겠습니다. 신청인은 성원스펀지로부터 납품업체 선정의 대가로 상품권을 받은 적이 있나요?"

"네, 하지만 전 그게 납품업체 선정 대가라고 생각한 적 없으며, 사용하지도 않고 회사에 다 반납했습니다."

"아니, 그럼 무슨 이유로 납품업체에서 상품권을 1천만 원 어치나 주었다고 생각했어요? 그것도 3년 동안 지속적으로!"

한근녹 팀장은 이번에야 말로 확실히 회사입장을 주장해야겠다고 생각해서 다시 한 번 나섰다.

"사실 유아매트리스에서 제일 중요한 원자재가 스펀지입니다. 그런데 그런 스펀지를 저런 식으로 납품받다니 회사는 도저히..."

"피신청인! 제가 묻는 말에만 답하시라고 했죠? 자꾸 이런 식으로 진행 방해하실 거예요?"

"네? 아니 저는 그냥..."

한근녹 팀장은 답답함에 끼어들긴 했지만 몹시 민망하기도 했다. 옆자리에 앉아 있는 이정원 과장의 눈치를 슬쩍 봤다. 때마침 제일 오른쪽에 앉은 공익위원이 사용자 측을 향해 질문을 던졌다.

"피신청인은 신청인이 대가성으로 상품권을 받았다는 걸 입증할 수 있나요?"

공익위원의 질문에 재빨리 이정원 과장이 마이크에 대고 대답을 했다.

"네, 상품권 금액이 3년 간 총 3천만 원입니다. 그런 큰 금액을 명절 선물 등 업체 간 선물로 볼 수는 없다고 생각합니다. 상품권 지급시기도 입찰결과가 발표된 그 다음 주였으며, 무엇보다 답변서에 첨부한 사실 확인서에 쓰여 있듯이 상품권을 제공한 박재천 상무가 대가성이었음을 인정했습니다."

"영업사원도 업체에서 상품권을 받은 적이 있다고 하는데 왜 신청인만 해고한 거죠?"

"그건 사실과 다릅니다. 영업사원이 개인적으로 받은 것이 아니라 영업본부로 보낸 것입니다. 그리고 상품권이 아닌 10만 원 상당의 명절 선물세트였으며 업무와 무관한 업체 간 설, 추석에 선물을 주던 관행에 불과한 것입니다. 해당 내용은 영업본부장과 거래처 대표를 통해 다 확인한 사실입니다."

이정원 과장은 자신도 모르게 목에 핏대까지 세우며 주장하고 있는 모습을 발견하고는 아차 싶어 다시 침착모드로 돌아왔다.

"그리고… 신청인이 재심요청을 한 것으로 아는데 왜 받아들이지 않은 거죠?"

"취업규칙 상 징계절차에 재심절차가 없습니다. 인사위원회 결과 통보 시에도 확정된 결과임을 밝혔고요."

이후 근로자위원과 사용자위원이 각자의 입장에서 몇 가지 질문을 더했고 근로자와 사용자 양측에 마지막 변론기회를 주었다. 최성덕 과장은 마지막 감정을 쥐어짜내 눈물까지 글썽이며 입을 열었다.

"위원님들, 제가 실수한 건 맞습니다. 하지만 제가 회사를 위해 몸바쳐 4년간 일했는데 한순간에 해고된 게 너무 억울합니다. 지금 재취업도 몇 달째 알아보고 있지만 아시다시피 요즘 일자리가 씨가 말랐습니다. 수중에 돈도 바닥나서 며칠째 라면으로 때우고 있습니다. 홀어머니 모시고 둘이 살고 있는데, 어머니가 걱정하실까봐 아침마다 작업복

입고 집을 나와 pc방에 가서 하루 종일 취업사이트만 돌아다니고 있습니다. 흑흑 저 너무 어렵습니다."

최성덕 과장은 어떤 신파극의 주인공 못지않은 연기력을 선보이며 위원들을 간절한 눈빛으로 쳐다봤다.

"신청인! 여기는 법적으로 옳고 그름을 판단하는 곳이지 감정에 호소하는 곳이 아닙니다. 눈물 닦으세요!"

가운데 앉은 공익위원이 눈에 힘까지 주어가며 단호한 어조로 말하자 최성덕 과장은 머쓱해져서 손에 들고 있던 휴지로 얼른 눈물을 훔쳤다. 이어서 피신청인의 최종변론 차례가 되었고 한근녹 팀장이 마이크에 대고 말을 했다.

"저희 마미홈 대표님은 직원들을 정말 아끼십니다. 그래서 지금까지 단 한차례도 해고는 물론, 권고사직도 없었습니다. 좀 역량이 부족하거나 일을 게을리하는 직원이 있어도 질책하기보다 먼저 그 원인을 찾고 의욕을 주려고 애썼습니다. 하지만, 직원이 회사와의 신뢰를 져버리는 행동에 대해서는 단호하게 대처해야 한다는 게 대표님을 비롯한 전 임직원의 생각입니다. 신청인은 믿고 인정해준 회사를 사리사욕을 위해 이용함으로써 신뢰를 완전히 깨트렸습니다. 이는 회사의 실질적 손해 여부를 떠나 결코 용서할 수 없는 일입니다."

한근녹 팀장의 절절한 최종변론을 끝으로 심문회의는 끝이 났다. 심판장을 나오며 최성덕 과장은 한근녹 팀장에게 눈을 흘기고는 쌩하고 찬바람을 일으키며 가버렸다.

장승준 대표는 사무실에서 퇴근 시간이 지나도록 한근녹 팀장과 이정원 과장을 기다리고 있었다. 두 사람이 돌아오자 심문회의 분위기와 진행사항을 자세히 물었다. 이미 주사위는 던져졌다고 생각해 그들을 격려하고는 고생했다며 같이 저녁식사를 하러 회사 근처 삼겹살집으로 향했다. 삼겹살과 구운 김치, 마늘을 명이나물에 쌓아 입 한가득 넣고 소주로 입가심을 하자 하루의 긴장감이 스르륵 녹았다. 하지만 심문 회의에 대한 걱정이 떠오르자 맛도 느껴지지 않고, 나눈 얘기들도 공허했다. 오후 8시쯤 한근녹 팀장의 핸드폰이 '띠링'하고 울렸다.

필수 노무 상식 바로 알기

- 징계해고가 정당하다고 인정되기 위한 요건은?
  1. **사유의 정당성**
     - 징계양정의 적정성 : 해고를 할 만큼의 징계사유가 있어야 함(해고하기에는 부족한 사유라도 수차례 징계에도 동일행위를 반복한 경우, 해고사유에 해당함).
     - 징계양정의 형평성 : 동일한 징계사유에 대해 다른 직원은 해고하지 않은 경우, 정당성을 인정받기 어려움.
  2. **절차의 정당성**
     - 규정 상 징계절차를 모두 지켜야 하며, 반드시 당사자에게 소명기회를 부여해야 함.
  3. **해고예고**
     - 해고예고는 해고의 정당성과는 무관함(해고예고 또는 해고예고수당을 지급했다고 부당한 해고가 정당해고가 되지는 않음).

간단한 문자였지만, 처음에는 무슨 뜻인지 이해가 안가 서로를 쳐다보고 있었다. 침묵을 깬 건 이정원 과장이었다.

"대표님, 회사가 이겼어요. 최 과장이 낸 구제신청이 기각된 거니까 정당한 해고로 인정한 거예요."

"그래요? 그렇구나... 이긴 거구나... 그럼 공식적으로 우리 회사 첫 번째 해고가 이루어진 거네요..."

장승준 대표는 이겼지만 기쁘지 않았다. 회사 창업 때 결심한 '절대로 인위적인 고용조정을 하지 않겠다'는 다짐이 깨진 순간이었기 때문이다.

괴롭힘 없는 직장 만들기

10

지켜 주지

못해

미안해

장승준 대표의 책상 위에 사직서가 또 올라와 있다. 여러 번 겪었는데도 늘 두려운 마음이 앞선다. 천천히 책상 위에 놓인 사직서를 들어 이름을 확인한 순간 장승준 대표는 가슴이 철렁 내려앉았다.

'임 은 정' 상품개발팀의 임은정 과장의 사직서였다.

입사 5년 차인 임은정 과장은 상품개발팀 디자이너로 뛰어난 디자인 실력은 물론, 상품기획에 대한 참신한 아이디어까지 내는 회사의 몇 안 되는 핵심인재였다. 세련되면서도 순둥이처럼 보이는 외모에 성격도 차분하고 무엇보다 배려심이 깊다. 업무를 할 때도 남들이 꺼려하는 출장품이나 비품신청 등 부서막내가 하는 일도 본인이 시간 나면 대신 했다. 장승준 대표는 임은정 과장의 그런 사소한 장점을 눈여겨보고 있었다. 처음에는 좋은 직원으로만 봤는데 어느새 자신도 모르게 임은정 과장을 마음에 두게 됐다. 물론 회사 내에선 절대 티를 내지 않고 있었는데 엉뚱한 데서 터졌다. 이번 인사평가 시즌에 '대표님이 승진 대상자 중에서 임은정 과장만 특별히 챙긴다'는 근거 없는 루머가 퍼진 것이다.

임은정 과정은 정말 괴로웠다. 이런 저런 루머에 시달리는 것도 힘든데 새로 부임한 Seri강 팀장은 일을 잘한다는 이유로 임은정 과장에게만 업무를 시켰다. 상품개발팀에는 Seri강 팀장을 비롯해 임은정 과장과 입사 3년차 사원까지 3명의 디자이너가 있지만 실질적인 디자인 실무는 임은정 과장이 70%이상을 소화하고 있었다.

임은정 과장은 입사할 때부터 일머리가 남들보다 뛰어났다. 회의 후 관련 내용을 정리한 보고서만 봐도 알 수 있다. 회의내용의 핵심만 정확히 짚어서 깔끔하게 한 장의 품의서로 만든다. 문서작성도 허투루 하는 법이 없이 기존 자료를 보고 글자크기, 줄 간격 등은 물론 원가 관련해서도 표로 만들어 한 눈에 들어오게 만들고 오탈자 하나 찾기가 어려울 만큼 꼼꼼했다. 피드백도 빨라 웬만한 업무지시는 대부분 그 다음날까지 피드백이 왔다. 누구라도 임은정 과장에게 일을 시키고 싶은 마음이 드는 건 당연했다. 인정받는 직원이지만 직무별 R&R이 명확하지 않아 여러 일을 한꺼번에 맡으면서 임은정 과장은 점점 지쳐갔던 것이다.

– 직장 내 괴롭힘 금지법 –

임은정 과장은 뉴스에서 〈직장 내 괴롭힘 금지법〉이 국회에서 통과되었다는 내용을 들었다. 자신과 관련 없는 법이라고 생각했지만 자세히 보니 해당 사항이 있었다. 특히 본인업무와 무관한 일을 반복적으로 시키거나 과도한 업무를 부여하는 것도 직장 내 괴롭힘에 해당한다는 것을 알았을 때 주마등처럼 많은 생각이 스쳐 지나갔다. 바로 자신의 상황이 직장 내 괴롭힘에 해당 되는 것 같았다. 이대로 참고 지내는 건 아니다 싶어 며칠을 고심한 끝에 경영지원팀을 찾아갔다.

"저기~ 팀장님 저 면담을 좀 하고 싶어서 찾아 왔습니다."

"어! 우리 상품개발팀 에이스 임 과장이 무슨 고민이 있어 여기까지 행차를 하셨을까?"

한근녹 팀장은 대수롭지 않게 생각하고 대꾸했다.

"저~ 제가 직장 내 괴롭힘을 당하고 있는 것 같아서요. 도움을 받으려고 왔습니다."

"뭐? 직장 내 괴롭힘? 아니! 무슨 일인데 그래요? 누가 감히 우리 임 과장을 괴롭혔어요?"

"저희 팀장님이요."

"강 팀장님이요? 아니 미국에서 공부한 사람이 무슨… 뭐 욕했어요? 설마 폭행을 하지는 않았을 거고."

"아니요~ 그런 건 아니고… 저한테만 너무 업무를 과하게 시키셔서요... 최근 6개월간 매주 3일 이상을 저희 팀에서 저 혼자만 야근했거든요... 뭘 바라고 한 건 아니지만 아무 보상도 없고 하다못해 연장근로수당도 지급 안 하셨고요..."

"임 과장, 그렇게 안 봤는데 좀 실망스럽네요. 업무야 당연히 임 과장이 피드백도 빠르고 일을 잘하니까 더 시키는 거고 임 과장 업무능력이야 대표님부터 상품개발팀 팀원들까지 모두 인정하고 있는 거고... 그런 자부심으로 열심히 일하다 보면 디자이너로서의 역량도 올라가고 일석이조 아닌가? 회사에서 인정 못하고 제대로 된 업무도 못 받고 하는 것 보다 훨씬 낫잖아요. 내가 보기엔 배부른 투정 같은데!"

한근녹 팀장이 전혀 공감할 수 없는 논리로 본인의 고충을 무시하자 임은정 과장은 대화를 이어갈 필요성을 못 느꼈다.

필수 노무 상식 바로 알기

- **직장내 괴롭힘 금지법이란?**
  1. 행위자 : 사업주는 물론, 상급자, 동료, 심지어 하급자도 가능함
  2. 행위요건
    - 지위 또는 관계 등의 우위를 이용할 것(관계의 우위는 수적 우위, 조직의 우위, 정규직의 우위 등 각종 압력을 가할 수 있는 우위를 말함)
    - 업무의 적정범위를 넘어야 함(욕설, 폭행, 집단 따돌림은 물론, 특정직원에게만 업무를 몰아주거나 반대로 업무를 배제하는 것도 포함됨)
    - 신체적·정신적 고통을 주거나 근무환경을 악화시킬 것

"네, 알겠습니다. 전 회사에 공식적인 고충처리절차가 있다고 해서 실낱같은 기대를 하고 찾아온 건데... 제가 너무 순진했나 보네요."

자리로 돌아온 임은정 과장은 인터넷 포털 검색창에 '과도한 업무부여도 직장 내 괴롭힘인가요?' 라고 쳐 보았다. 여러 블로그 중에 유독 눈에 띄는 사이트가 있어 들어가 보니, 구체적인 사례와 함께 '남들이 모두 꺼리는 어려운 업무를 특정인에게 몰아주는 것'도 직장내 괴롭힘의 유형에 속한다고 쓰여 있었다.

– 괴로운 기록 : 괴롭힘 사례 –

임은정 과장은 다이어리를 펴고 가만히 생각에 잠겼다. 한동안 과거를 회상하던 임은정 과장은 지금까지 본인이 억울하다고 생각한 일들을 사례별로 정리하기 시작했다.

✚ 사례 1. 업무 몰아주기

이건 뭐 사례라고 따로 뽑고 말고 할 것도 없었다. 이미 팀 내에서 일상이 되어버렸으니까. 신상품 디자인 개발회의는 물론, 기존 상품의 디자인 개선회의를 한 후에 이에 대한 상품기획에 대한 아이디어 제공부터 밑그림 작업, 공장과의 기획상품 양산협의까지 대부분 임은정 과장의 몫이었다.

팀장인 Seri강은 코칭이라는 명목으로 임은정 과장의 결과물에 대해 이런저런 지적을 하는 것이 주된 역할이었고, 부하직원인 김정수 사원은 임은정 과장이 70%이상 완성한 디자인 원본에 대한 세부 후속작업을 하는 것과 샘플 양산 시 공장에 가서 디자인과 일치하는 지 양산품 검증하는 작업이 주 업무였다. 상품기획 업무를 담당하는 직원들은 기획회의 및 회의결과에 대한 보고서를 작성하기까지가 그들의 역할이었다. 그러다보니 상품개발팀에서 야근을 하는 사람은 임은정 과장이 유일했다. 게다가 선의로 도와 준 출장 품의나 출장비 정산도 임은정 과장 몫이 되어 상급자들은 자연스럽게 임은정 과장에게 출장비 영수증을 건네주었다.

✚ 사례 2. 폭언은 아니지만 은근히 기분 나쁜 말투

이건 Seri강 팀장과 엄진근 영업본부장에 대한 얘기다. Seri강 팀장은 학벌로 사람을 판단하고 무시하는 경향이 있어서 임은정 과장이 지방대 출신이라는 점을 비꼬아 말하는 적이 많았다. 한 번은 팀원들이 다 같이 점심을 먹으면서 '나라별 문화차이'라는 주제로 얘기를 하게 되었다.

"내가 LA에 있는 Saint University 나온 거 다들 알지? 거긴 한국학생이 거의 없거든... 워낙 들어가기도 어렵고해서... 거기서 내가 영국, 프랑스, 스페인 등 유럽 애들하고 많이 어울렸는데 프랑스 애들은 그렇게 수다가 많더라... 스페인 애들은 자유분방한 건 좋은데 너무 성격이

급하고…"

Seri강 팀장은 10분 동안 쉬지도 않고 본인 대학 때 만난 애들(?) 얘기를 떠들어 댔다. 그러다 문득 임은정 과장과 눈을 마주치더니 굳이 하지 않아도 될 말을 하고 말았다.

"임 대리는 지방대 나와서 잘 모르겠네! 보통 외국학생들이 한국유학와도 다 SKY같은 명문대에 가지, 지방대는 안가니까! 외국학생 거의 못 봤지?"

"아, 네 뭐, 많지는 않아도 제가 나온 학교에도 어학당도 있고 교환학생으로 온 외국인도 있긴 했어요."

"Oh~ amazing! 난 그런 학교에도 외국인이 다니는 줄 처음 알았네~."

Seri강 팀장은 필터링 없이 생각나는 대로 입 밖으로 말을 내뱉었다. 또 한 번은 디자인회의에서 잠시 커피를 마시며 쉬는 동안 동문회 관련 얘기를 하면서 발생한 일이었다.

"엊그제 Saint University 동문회가 있어서 갔다 왔는데 역시 다들 잘나가더라고 강남에 그랜드 호텔 알지? 거기 20층 라운지에서 와인파티 식으로 했는데 드레스 코드도 블랙슈트와 드레스로 얼마나 다들 우아하던지! 근데 짜증나서 이제 못가겠어! 다들 대기업 임원이다 디자인회사 대표다 잘난 척들인데, 나만 이런 쪼그만 회사에서 뭐하는 건지…아유 우울해."

정말 말 한마디로 그 자리에 있는 모든 사람들을 쪼그만(?) 회사에나

다니는 형편없는 존재들로 만들었다. 그래도 이건 모두에게 공통된 내용이므로 참을 만했지만 그 다음 멘트는 아무리 착한 임은정 과장이라도 참기 힘들었다.

"참! 임 과장 궁금한 게 있는데 임 과장이 나온 그런 지방대도 동문회 하긴 하지? 그런데 가면 임 과장이 되게 잘나가는 편 아니야? 다들 뭐하고 살아?"

임은정 과장은 아예 대답을 안 함으로써 최대한 빨리 대화가 종료되게 하였다. 그래도 Seri강 팀장의 망언은 무지에서 나온 실수로 치부할 수 있었지만, 더 심각한 건 엄진근 본부장이었다. 그는 남녀 성에 대한 관념이 남자들은 고주망태로 살지언정 밖으로 나다니고 여자들은 육아와 살림을 전담하던 6.25 직후에 머물러 있는 성차별의 아이콘이었다. 엄진근 본부장은 운전하면서 있었던 에피소드를 얘기하며 본색을 드러냈다.

"아까 여기 오는 길에 사고 날 뻔 했지 뭐야! 대형 마트 앞을 지나는데 어떤 아줌마가 2차선에 있다가 마트 주차장이 보이자 갑자기 4차선까지 끼어들어 주차장으로 가는 거 있지? 내가 4차선에서 가다가 급브레이크를 밟아서 간신히 사고는 막았는데, 에휴 진짜 여자들하고 노인네들은 법으로 운전 못하게 해야 된다니까! 임과장! 너도 가끔 차가지고 다니던데... 웬만하면 버스타고 다녀!"

어이가 없었지만 임은정 과장은 말해봐야 본전도 못 건질 걸 알았기에 가만히 있었다. 엄진근 본부장은 옷차림에 대해서도 과도한 지적을 하곤 했다.

"임 과장~ 거 바지가 그게 뭐야? 다리 날씬하다고 자랑하는 것도 아니고... 좀 펑퍼짐한 거로 입어야지! 이러니까 뉴스에서 남자들이 여자들 집까지 몰래 쫓아가고 난리인 거야~."

'레깅스를 입은 것도 아니고 좀 타이트한 폴리바지를 입었다고 이런 소리를 들어야 하나?' 임은정 과장은 어이가 없었다. 이 뿐만이 아니었다. 엄진근 본부장은 뼛속까지 영업맨으로 영업직이 회사에서 최고라고 생각하는 사람이었다.

올해 초 전년도 사업실적 보고를 마치고 회식자리에서 있었던 일이다. 전년 대비 매출이 30% 성장하여 특별히 2+한우를 먹으며 자화자찬을 벌이고 있었다. 근데 갑자기 엄진근 본부장이 앞에 앉아 열심히 고기를 굽고 있는 영업팀 막내에게 핀잔 아닌 핀잔을 주었다.

"어이~ 정호령! 왜 니가 고기를 구워? 옆에 임 대리 있잖아! 열심히 돈 벌어다 주는 영업직들은 고기들 열심히 먹고 영업직들이 벌어다 준 돈으로 이번에 디자인 프로그램 새로 샀으니까 임 대리가 고기 구워야지 안 그래?"

허~얼. '디자이너들이 멋지게 상품을 만들어주니 잘 팔 수 있었던 거죠?' 라는 말이 입 밖으로 나오려는 순간, 임은정 대리는 고기를 2점이나 넣은 아이 주먹 만한 상추쌈을 입 안 가득 구겨 넣으며 억지로 막았다.

✚ 사례 3. 사내 왕따

사실 장승준 대표는 임은정 과장에게 올해 초부터 조금씩 속내를 표현하기 시작했다. 혹시나 직원들 사이에 이상한 소문이 돌지 않도록 일단 사내나 회사 근처에서는 철저히 속내를 감추었다. 그 대신 회식이 끝난 후 집이 같은 방향이라는 핑계를 대서 임은정 과장과 함께 차를 타곤 했다. 짝사랑만 키워가던 장승준 대표는 단단히 마음을 먹고 상품개발팀과 일부러 회식을 잡았다. 용기를 내기 위해 술도 평소보다 많이 먹고, 취기가 오르자 회식자리를 마무리 하고 대리기사가 운전하는 차에 탔다. 평소와 다름없이 임은정 과장과 뒷자리에 앉았다. 회사에서 집까지는 약 40분 정도가 걸리고 임은정 과장은 그보다 10분 정도 먼저 내리니 그에게 있는 시간은 30분 정도였다. 장승준 대표는 입에서 술 냄새가 날까싶어 마스크를 코 위까지 덮어 쓰고 임은정 과장에게 말을 걸었다.

"임 과장~ 괜찮아요? 술 많이 먹은 거 아니죠?"

"네, 대표님. 괜찮습니다."

"저~ 요즘 야근 많이 하는 것 같던데... 힘들지 않아요? 힘들면 나한테 얘기해요."

"아~네..."

장승준 대표는 대리기사 눈치를 살짝 보고 나서 더 이상 뜸들이지 않고 본론으로 들어갔다.

"저... 사실 임 과장을 몇 달 전부터 주의 깊게 지켜봤어요. 직원 이상으로... 만나보고 싶어요."

"..."

한동안 말이 없던 임은정 과장이 고개를 떨군 채 대답했다.

"저... 죄송해요... 대표님. 이건 아닌 거 같습니다. 불편해서 더 못 있겠네요... 그만 내려주세요."

물론 굉장히 미안한 말투로 장승준 대표와 눈도 못 마주친 채 대답하였지만 메시지는 명확했다. 장승준 대표도 더 이상의 고백은 질척거리는 모양새로 보일 수 있어 말없이 있다가 임은정 과장 집 근처에 차를 세워 내려주었다. 이렇게 장승준 대표와 임은정 과장의 로맨스는 시작도 못해보고 끝이 났다. 그런데도 루머가 퍼졌다. 결정적 사건은 이번 시즌 승진자 선정과정에서 일어났다. 일부 직원들이 임은정 과장이 장승준 대표와의 친분에 의해 승진했다고 생각한 것이었다.

"임 과장님! 축하드립니다. 저희 영업팀 곽 대리하고 동기시죠? 뭐 상품개발팀 에이스시니까 당연히 승진되셔야지요. 근데 영업팀 곽 대리도 실적은 누구한테도 안 밀리는데..."

영업팀 과장이 들으라는 듯 결정타를 날렸다.

"역시 우리나라는 인맥이 전부라니까!"

임은정 과장은 마치 본인이 장승준 대표에게 승진청탁이라도 한 것처럼 취급받는 게 너무 억울했다. 지금껏 군소리 없이 어두컴컴한 사무실에서 혼자 남아 컴퓨터 모니터 불빛에 의지해 야근한 날이 얼마나 많은데 이런 소리를 들어야 하는 건가 싶었다.

하지만 이게 끝이 아니었다. 승진발표가 있은 후 승진자 회식이 있던 날 임은정 과장은 오후 6시가 되자 업무를 슬슬 마무리 하고 있었다. 주위를 둘러보니 아무도 없었다. 워낙 자주 있던 일이라 그러려니 했는데 그래도 정확히 퇴근시간이 되었을 때 이렇게 모두가 자리를 비운 건 처음이었다. 가만 생각해 보니 오후 5시50분부터 한 명씩 짐을 싸서 조용히 사라지는 것도 이상했다. '뭐 오늘 다들 약속이 있나' 라고 대수롭지 않게 생각하며 가방을 챙기는 순간 상품개발팀 막내인 김정수 사원이 헐레벌떡 뛰어 올라왔다.

"과장님~ 지금 승진자 회식 시작했는데 왜 안 오세요?"

"뭐? 그게 오늘이야? 나 몰랐는데?"

직장내 괴롭힘 유형

유형	비율
정신적 공격	24.7%
과다한 업무	20.8%
인간관계 분리	16.1%
사적인 간섭	14.5%
과소한 요구	10.8%
경제적 공격	7.8%
성적 공격	3.0%
신체적 공격	2.0%

2017년 2,500명 대상 과거 5년간 경험 설문 / 한국노동연구원

"네? 정말이요? 저는 다 아시는 줄 알았는데 아까 영업팀 사람들이 과장님도 다 알고 계실 거라고 해서 저도 따로 말씀 안 드린건데... 죄송해요."

"아니야... 괜찮아."

말은 이렇게 했지만 영업팀 사람들은 물론 같은 팀 직원들까지도 단체로 자기를 왕따 시켰다고 생각하니 울컥한 마음이 들었다. 속상한 마음에 회식자리에도 가기 싫었지만 승진당사자로서 그럴 순 없었다. 할 수 없이 참석은 했지만 가식적인 축하인사에 형식적인 답례만 대충하고는 몸이 안 좋다는 핑계로 일찍 자리를 벗어났다. 집에 오는 길에 화가 나서 익명으로 자기를 왕따 시킨 사람들에 대한 욕이나 한 바가지 쓰려고 블라인드에 접속한 순간, 임은정 과장은 단번에 눈길을 사로잡는 제목을 보고는 그야말로 멘붕에 빠졌다.

"우리 회사에선 학교인맥, 지역인맥 다 필요 없고 로맨스인맥이 최고다!"

차마 글 내용까지는 볼 수가 없어 그대로 핸드폰을 꺼버렸다. 집에 도착해 현관문을 열기 전, 걱정하실 부모님 얼굴을 떠올리며 임은정 과장은 눈가에 맺힌 눈물을 닦았다.

- 사직서 철회 -

장승준 대표도 임은정 과장과 퇴직자 면담을 진행했다. 임은정 과장이 얼마나 신중하게 결정했을지 잘 알았다. 속속들이 사정을 다 알지 못해도 더 이상 말리지 못 하는 이유였다.

"너무 아쉽네요. 임과장님. 우리 회사에 정말로 꼭 필요한 사람인데... 나 때문인 것도 같고..."

"아니에요! 대표님. 대표님은 저한테 항상 따뜻하게 잘해주셨어요. 정말 감사하게 생각합니다."

임은정 과장의 감사인사에 장승준 대표는 다시 한 번 울컥했다. 이렇게 따뜻한 사람을 보낼 수밖에 없는 게 너무도 아쉬웠다.

"그래, 그럼 언제까지 출근할 생각이에요? 사직서에는 퇴직희망일이 다음달 1일로 적혀 있던데..."

"네. 원래 마지막 출근일 다음날이 퇴직일이라고 알고 있어서요. 이번 달 말일까지 출근하려고요."

'이번 달 말일이면 당장 2주 후인데, 정말 회사에 오만 정이 다 떨어졌나보네' 라는 생각과 함께 '그래도 마지막인데 원하는 대로 해주어야지'라는 생각이 같이 들었다. 상품개발팀장인 Seri강 팀장을 불러 이 사실을 알리자, 예상 밖의 격한 반응이 나왔다.

"네? 뭐라고요? 이번 달 말일이요? 아니 지금 임 과장이 메인으로 하고 있는 신상품 시안작업도 안 끝났고 이것저것 하고 있는 게 얼마나 많은데! Oh my God! 이렇게 갑자기 그만두는 건 America에서도 없는 일이라고요!"

참 내~ 장승준 대표는 미국에서 대학만 나왔지 미국회사에 다녀본 적도 없으면서 툭하면 미국 타령하는 Seri강 팀장이 어이없었다. 어쨌든 업무를 총괄하는 팀장이니 의견을 무시할 수는 없어 임은정 과장과 잘 협의해 보라고 했다. Seri강 팀장은 자리로 돌아오자마자 임은정 과장을 불러 소리를 질러댔다.

"임 과장! 아니 사람 그렇게 안 봤는데 너무 이기적인 거 아니야? 저번에 그만둔다고 해서 나랑 면담할 때도 내가 인수인계는 철저히 하라고 했잖아! 근데 뭐? 이번 달까지만 나온다고? 도대체 생각이 있는 거야?"

Seri강 팀장의 예상을 뛰어 넘는 질타에 임은정 과장도 살기 어린 눈빛으로 응수했다.

"팀장님 저는 지금까지 회사를 위해 또 이 팀을 위해 최선을 다했다고 생각합니다. 저도 더 이상은 희생하며 살지 않겠습니다. 예정대로 퇴사할 거고 인수인계는 안 그래도 지난 주부터 차근차근 해오던 차라 이상 없이 마칠 수 있으니 까 걱정하지 마세요!"

임은정 과장이 당당하게 나오자, Seri강 팀장은 더 세게 나갔다.

"그래? 끝까지 해보겠다 이거지? 좋아 사직서 어차피 처리 안 할 거니까, 그럼 다음 달부터는 무단결근이야! 무단결근 5일 이상이면 해고 사유라고 취업규칙에 써 있는 거 알지?"

퇴직하는 사람에게 해고가 무슨 의미가 있겠냐마는 임은정 과장은 잠깐 움찔할 수밖에 없었다. '무단결근? 정말 그렇게 되는 건가? 그럼 퇴직금에도 영향을 미치는 거 아닌가? 퇴직금은 최근 3개월 평균임금으로 계산하는 거로 아는데... 어쩌지?' 여기까지 생각이 미치자 불안감에 얼굴이 벌게졌다. 대화를 서둘러 마치고는 바로 평소에 친하게 지내던 이정원 과장에게 전화를 걸어 회사 앞 커피숍에서 만나기로 약속을 잡았다.

"과장님, 저 퇴사하기로 한 거 들으셨나요? 저도 잘 해보려고 했는데... 죄송해요."

"무슨 소리야! 내가 너 어떻게 지냈는지 다 아는데~ 나라도 참기 힘들었을 거야. 이런 조직문화를 바꾸지 못한 내 책임도 있지 뭐."

이정원 과장은 그동안 임은정 과장의 카운셀러로서 고충이 있을 때마다 서로 얘기를 해왔기에 그녀의 마음을 누구보다 이해할 수 있었다.

"저... Seri강 팀장이 그러는데... 저 다음 달부터 안 나오면 정말 무단결근이 되는 거예요? 그럼 퇴직금도 줄어드는 거 맞죠?"

간절함이 가득한 임은정 과장의 눈빛을 보자 팩트를 정확히 말해주는 것이 도움이 될 거라는 생각에 이정원 과장은 자세하게 설명을 했다.

"어 맞아! 은정아 안타깝지만 사실이야. 왜냐하면 우리 회사 사직서 양식을 보면 '사직하고자 하오니 허락해 주시기 바랍니다.'라고 되어 있거든. 물론 사직은 일방적인 의사표시이긴 하지만 이렇게 회사의 허락을 요청할 때에는 회사가 사직서를 수리해야 효력이 발생해."

적잖이 당황한 임은정 과장이 바로 되물었다.

"아니, 그럼 회사가 허락하지 않으면 퇴직도 못한다는 거예요?"

"아니 그건 아니고 회사가 사직서를 수리하지 않으면 민법상으로는 1개월이 지나면 사직의 효력이 발생하지만, 우리 같은 월급근로자의 경우에는 사직서를 제출한 달 이후 1임금지급기가 지나야 효력이 발생해 쉽게 설명하면 네가 사직서를 7월 17일에 제출 했잖아? 그러면 우리 회사는 매월 1일에서 말일까지를 임금지급기로 정하고 있으니까 다음 임금지급기는 8월 1~31일이 되므로 9월 1일자로 사직의 효력이 발생하는 거야."

"우리 월급일이 25일인데 그럼 8월 26일 아니에요?

"아니야. 임금지급기는 임금지급일이 아니라 임금지급의 대상이 되는 기간을 말하는 거야."

"과장님 그럼 저 어떡해요? 한 달이나 무단결근이면 퇴직금도 2/3밖에 못 받는 거잖아요."

"아니 그렇진 않아. 퇴직금은 평균임금이 통상임금보다 적을 때는 통상임금을 지급하도록 되어 있어서 너 같은 경우 한 달 동안은 연차수당, 연장/야간/휴일근로수당 등 변동적인 임금을 뺀 통상임금으로 퇴직금을 계산하게 돼. 그래도 네가 야근을 많이 해서 아마 10% 이상 줄어들긴 할 거야."

이정원 과장은 최대한 사심을 빼고 팩트 위주로 설명을 했다.

"이미 여행계획도 다 잡고 예약도 했는데... 게다가 이직하기로 한 회사에 8월 중순부터는 출근하기로 했는데 어떡하죠? 그리고 무엇보다 정말 Seri강 팀장하고는 이제 하루도 더 있기 싫어요."

임은정 과장의 하소연에 이정원 과장은 맘이 약해졌다.

"알았어. 인사과장으로서가 아니라 친한 언니로서 하는 말이니까 잘 들어. 아직 회사가 수리하기 전이니까 사직서를 철회하고 사직서 문구를 '사직하겠습니다'라고 바꿔서 제출해. 그럼 일방통보니까 회사의 수리고 뭐고 기다릴 필요 없어."

이정원 과장의 명쾌한 솔루션에 임은정 과장은 얼굴이 밝아졌다.

"아. 정말요? 고마워요. 그럼 사직서 문구도 '사직하겠습니다'로 바꾸고 날짜도 퇴직희망일이 아니라 '퇴직일'이라고 바꿔서 제출할게요. 이 은혜 안 잊을게요."

이정원 과장은 회사를 위한 일은 아니지만, 마음고생이 많았던 임은정 과장에게 이 정도 사실을 알려주는 건 인사과장으로서도 옳은 일이라는 생각을 했다.

다음날 출근하자마자 임은정 과장은 Seri강 팀장 책상 앞으로 갔다.

"왜? 아침부터 무슨 일이야? 가만 생각해보니 임 과장이 잘못했지? 사과는 안 해도 돼! 알다시피 내가 워낙 cool~ 하잖아!"

"아니요. 그게 아니고, 제가 저번에 제출한 사직서 돌려주세요. 저 사직 철회하려고요."

"뭐? 다시 다니려고? 그래 생각 잘했어. 안 그래도 일 시킬 사람 없어서 앞으로 어쩌나 고민이었는데~."

Seri강 팀장은 책상 한 쪽에 둔 임은정 과장의 사직서를 주면서 반갑게 말했다.

임은정 과장은 사직서를 받자마자 또 다른 서류를 내밀었다.

"아니요. 그게 아니고 사직서를 다시 제출하려고요. 다음달 1일자로 사직하겠습니다."

"뭐라는 거야? 사직을 철회했다 또 낸다고? 지금 장난해? 이랬다저랬다 뭐하는 거야?"

노동법에 무지한 Seri강 팀장은 임은정 과장의 행동이 도대체 이해가 가지 않았다. 그야 말로 자기한테 장난친다고 밖에 생각이 들지 않았다. 당황한 Seri강 팀장에게 임은정 과장이 결정타를 날렸다.

"이번에 제출한 사직서는 사직일자로 바로 효력이 발생하니까, 전 마음 편~하게 다음 달부터 쉴게요. 팀장님."

Seri강 팀장은 뭐가 뭔지 이해가 안 되었지만 왠지 본인이 당한 것만 같아 기분이 나빠졌다.

임은정 과장은 마지막 출근일까지 화장실 갈 시간까지 아껴가며 인수인계를 했다. 본인이 지금까지 한 디자인 시안과 샘플 양산 중인 공장과의 커뮤니케이션 상 이슈사항 등 메인업무는 물론, 출장품의서 작성방법과 기타 전표처리 등 본인이 수행했던 마이너 작업까지 모두 디테일하게 정리하여 후임자에게 넘겨주었다. 역시는 역시였다. 꼼꼼하고 체계적이면서도 그림과 작업화면 캡처까지 삽입하여 누구나 따라할 수 있도록 업무 매뉴얼을 정리한 인수인계 파일에 모두가 "와~ 역시 임은정 과장답네"라는 말이 절로 나왔다.

- 임은정 과장의 송별회 -

마지막 근무일인 금요일, 장승준 대표는 임은정 과장을 위한 송별회를 마련했다. 핵심인재로서 개인적 사정은 뒤로 한 채 밤낮 없이 일해 회사 발전에 많은 기여를 하였으며, 한 때나마 본인이 좋아했던 이성으로서의 감정까지 더해져 마지막 배웅이라도 그럴싸하게 해주고 싶었다.

회사 인근 소고기 집에서 장승준 대표와 상품개발팀 직원들, 그리고 평소 임은정 과장과 친하게 지냈던 직원 몇몇이 자리에 함께 했다. Seri 강 팀장은 비록 끝이 좋진 않았지만 팀장으로서의 위치도 있고 지금까지 팀원 중에 가장 의지했던 임은정 과장에 대한 고마움에 송별회 장소로 무거운 발걸음을 옮겼다. 회식장소에 도착하자 미리 주문해 놓은 갈비살이 테이블 당 4인분 씩 놓여 있었고 주류도 소주, 맥주와 비 주류파를 위한 음료까지 각 1병씩 세팅되어 있었다. 장승준 대표는 맘 같아서는 최고급 등심으로 주문하고 싶었지만 안 그래도 부담스러워 하는 임은정 과장을 끝까지 불편하게 하고 싶지 않아 그나마 저렴한 갈비살로 주문한 것이었다. 자리에 모두 앉자, 장승준 대표가 술잔을 들며 한마디 했다.

"자, 앞에 있는 술잔을 모두 들어 주세요. 제가 먼저 건배사 하겠습니다. 회사 창립초기부터 지금까지 정말 헌신적으로 애써 준 임 과장에게 대표로서 정말 고맙다는 말을 하고 싶습니다. 마음 같아서는 바짓가랑이라도 잡고 싶지만, 그럴 순 없고 진심으로 임 과장의 앞날이 더 빛나기를 바라면서 자~ 우리의 아름다운 미래를 위하여! 우!아!미!"

장승준 대표가 종종하는 건배사라 몇몇 직원이 '우아미!'를 외치자 다른 직원들도 따라했다. 이후 각자 테이블 별로 고기를 굽고 술잔을 기울이며 담소를 나누다 장승준 대표가 맥주잔을 숟가락으로 두들기며 시선을 모으자 다들 주목했다.

"자~ 이번에는 떠나는 임 과장의 송별사를 들어봐야죠? 자 한 마디 하시죠~."

임은정 과장은 평소 같으면 쑥스러워 하며 피했겠지만 여러 사람이 따라 준 술잔에 취기도 꽤 올랐고 마지막이라는 생각에 벌떡 일어났다. 그리고는 평소와는 다른 말투로 일갈했다.

"먼저 지금까지 저한테 잘해주시고 송별회까지 참석해 주신 모든 분들께 감사드립니다. 대표님께 제일 감사드리고요."

임은정 과장이 손하트를 날리자, 장승준 대표는 주책없이 가슴이 뛰었다.

"저 오늘 꼭 할 말이 있어요. 우리 회사 너무너무 좋고 감사한 점도 많지만 사실 저 힘들었어요. 매일 같이 혼자 야근하는 심정 아시나요? 다음날 아침에 '수고했다' 말 한마디 해 주는 사람이 없었어요. 그리고 학벌 가지고 차별하지 마세요. 그렇게 잘났으면 왜 지방대 나온 저한테 그렇게 일을 몰아주신 거예요?"

"임 과장 무슨 소릴 하는 거야?"

Seri강 팀장이 발끈했지만 장승준 대표가 저지하자, 임은정 과장에게 눈을 흘기고는 화장실로 나가버렸다. 그리고 이어지는 임은정 과장의 일갈!

"그리고... 제일 힘들었던 건 억울한 루머로 왕따 당한 거예요... 정말 다들 앞으로는 그러지 마세요."

눈물을 훔치며 임은정 과장이 자리에 앉자 한 명씩 그녀에게 다가가 어깨를 두드리고, 손을 잡아주며 위로해 주었다. 그 모습을 보며 장승준 대표는 임은정 과장에 대한 죄책감에 슬쩍 자리에서 일어나 계산을 하고 택시를 잡아탔다. 집에 오는 택시 안에서 장승준 대표는 정말 직급이나 나이, 성별에 상관없이 모두가 만족할 수 있는 조직문화를 어떻게 하면 만들 수 있을까에 대한 고민에 빠졌다.

장내석 노무사의 상담실

Q 퇴사는 반드시 사직서를 제출해야만 가능한가요?

A 사직의 의사표시는 반드시 서면으로 하지 않아도 되므로, 구두 / 유선 / 이메일 등 사용자에게 전달만 되면 가능합니다. 단, 해고는 반드시 서면으로 해야 합니다.

Q 사직서는 철회가 가능한가요?

A 사직은 일방적 의사통보이므로 사직의 의사표시 즉시 효력이 발생합니다. 다만, 사직서에 "사직코자 하오니 허락해 주시기 바랍니다"와 같이 회사의 승인을 요하는 경우, 승인되었음을 당사자에게 통보해야 사직의 효력이 발생합니다. 따라서, 그 전에는 사직서를 철회할 수 있습니다.

Q 직장내 괴롭힘을 알았을 때 회사 차원에서 어떻게 하면 좋을까요?

A 아래와 같은 방법이 있습니다.

- 전 직원 대상 '직장 내 괴롭힘 방지교육'을 통한 예방조치 실시.

- 괴롭힘을 징계사유로 규정하여 가해자를 처벌할 수 있도록 함.

- 피해자에게는 부서변경 등을 통해 괴롭힘에서 벗어날 수 있도록 조치.

- 피해발생 시, 조사 및 피해자 상담은 신속하게 하되 비밀유지를 철저히 하며 피해자 의사에 따라 가해자 처벌 등 조치여부를 정해야 함(너무 사건이 확대되면 피해자가 2차 피해를 입을 우려가 있음).

갈등 없는 단합대회 만들기

11

전직원이

즐거운

행사!!!

– 추진! 마미홈 직원행복행사 –

최근 신상품 반응이 좋다. 장승준 대표는 고생한 직원들에게 추억을 선물하고 싶었다. 곧바로 한근녹 팀장과 최공무 과장에게 계획을 얘기했다.

"한 팀장님, 최근에 우리 직원들 신상품 출시 준비하느라 고생 많았잖아요. 또 연말이니까 전 직원 행사를 진행해 볼까 해요. 직원 모두가 행복한 하루, '마미홈 직원행복행사' 어때요?"

"다른 회사 직원들이 부러워하겠는데요? 근데 요즘 젊은 사람들은 몸 쓰는 거 별로 안 좋아하고 또 다칠 우려도 있으니까 체육행사 보다는 맛있는 거 먹고 즐기는 공연 스타일의 행사가 좋을 것 같습니다."

한근녹 팀장이 자신 있게 말했다.

"네~ 그게 좋을 거 같네요. 저도 예전에 회사 다닐 때 체육행사 하면 꼭 몇 명이 승부욕 발동 되서 싸우고 다치고 그런 경우 많이 봤거든요. 공연스타일의 행사라... 벌써 기대 되는데요! 한 팀장님이 최 과장하고 같이 상의해서 기획안 만들어 주세요."

"네, 알겠습니다. 바로 시행하겠습니다."

장승준 대표와 한근녹 팀장의 대화를 가만히 듣고 있던 최공무 과장은 표정이 썩 좋지 못했다. A부터 Z까지 행사준비는 거의 그의 몫이다. 안 그래도 얼마 전까지 팀 배치가 바뀌어 레이아웃을 변경하느라 야근을 밥 먹듯 해 온 터라 '이제는 좀 쉬고 싶다'는 생각이 간절했는데 이렇게 핵폭탄 급 업무폭탄이 떨어지니 맥이 탁 풀렸다. '나는 뭐 직원 아닌가? 직원행복행사라면서 나 같은 직원은 고생만 할텐데... 나한텐 직원

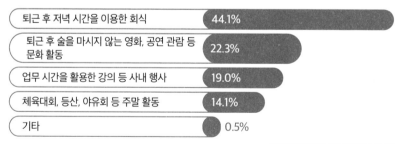

"사내 유대관계 향상을 위한 행사 중 가장 선호하는 것은?"

행사	비율
퇴근 후 저녁 시간을 이용한 회식	44.1%
퇴근 후 술을 마시지 않는 영화, 공연 관람 등 문화 활동	22.3%
업무 시간을 활용한 강의 등 사내 행사	19.0%
체육대회, 등산, 야유회 등 주말 활동	14.1%
기타	0.5%

직장인 538명 대상 / 엠브레인이지 서베이

행복행사가 아니라 직원고생행사인데... 아~ 정말 싫다' 전 직원이 다 같이 즐거울 행사에 자신만 죽어나겠구나 싶었다.

– 마미홈 직원 행복 행사의 조건 –

한근녹 팀장은 바로 팀원들을 소집시켰다.

"오늘 대표님께서 연말에 '직원행복행사'를 하자시네. 근데 내가 여러분 생각해서 몸 쓰고 다칠 위험도 있는 체육행사 대신 공연행사로 하자고 제안했어? 어때, 나 쫌 멋지지 않아?"

농담으로 한 얘기였는데 팀원들의 반응은 썰렁했다. 팀원들은 행사 준비 담당부서로서 이미 행사플랜부터 장소섭외, 음식준비, 프로그램 마련 등의 생각으로 머릿속이 꽉 찼다. 이 때 이정원 과장이 행사의 취지에 대해서 다시 한 번 명확하게 짚었다.

"팀장님, 대표님의 의도는 분명 직원들이 행사 날 스트레스도 풀고 업무에서 벗어나 서로 간에 친목도 다지면서 즐겁게 하루를 보내라는 거죠?"

"어? 어~ 그럼 맞지. 직원들 즐기라고 하는 거지. 그래서 이름도 '직원행복행사'잖아."

"네, 그럼 필수조건이 있습니다. 이 행사로 인해 고생하는 직원이 생겨서는 안 됩니다. 물론 저희가 경영지원팀이기 때문에 행사기안도 하고 기본적인 준비를 해야 하는 건 인정하지만, 그 이상으로 직원들의 희생이 들어가면 안 된다고 생각합니다. 그래서 말씀 드리는 필수조건은 먼저 음식은 케이터링 업체를 쓴다. 그래야 세팅부터 치우는 것까지 다 해주거든요. 안 그러면 아무리 음식을 사온다 해도 막내들은 음식 세팅하고 치우고, 선배들 심부름 하느라 정작 제대로 먹지도 못하니까요. 두 번째 행사진행은 전문MC를 섭외한다. 이거 저희가 하려면 MC할 사람 뽑고 대본 만들고 또 잘 해봐야 본전이고 말실수라도 하면 욕까지 먹거든요. 마지막으로 장소는 실내로 해야 합니다. 밖에서 하면 자리도 깔아야 되고 준비할 게 많죠. 게다가 11월만 되도 날씨도 춥고 또 비가 올 수도 있고요."

이정원 과장의 말은 반박의 여지가 없었다. 한근녹 팀장 역시 고개를 끄덕이며 행사 아이디어를 냈다.

"어, 좋아. 좋아. 그렇게 하자고. 다 맞는 말이네 뭐. 대신 한 가지! 공연준비 만큼은 팀별로 철저히 준비하도록 하고 방금 문득 든 생각인데 말이야. 다른 회사처럼 그저 아무 컨셉 없는 '장기자랑'말고 뭔가 세련되고 독특한 공연을 했으면 좋겠는데... 요즘 제일 핫한 트롯 어때? '마미트롯' 딱 좋지? 상품도 푸짐~하게 준비하고 말이야."

한편 가만히 듣고 있던 최 공무 과장의 낯빛이 또 한 번 어두워졌다. 보나마나 나이 어리고 직급 낮은 직원들만 공연 연습하느라 죽어날 게 뻔했다. 업무에, 연습에 행사 취지와도 맞지 않았다.

"팀장님, 저도 제안드릴 사항이 있습니다. 이런 행사하면 항상 팀 막내들만 고생하거든요. 그래서 이번에는 팀장들이 직접 참여하는 걸로 컨셉을 잡으면 어떨까요?"

"오~ 좋은 생각이네요! 장르도 '트롯'이니까 잘 맞고요! 팀장으로 제한하면 6명밖에 안되니 팀장 이상만 참석하는 걸로 하시죠."

이정원 과장이 맞장구를 치며 한마디 거들자 한근녹 팀장이 난감해 하며 말했다.

"아~ 뭐 신선하고 좋긴 한데 나이든 사람들 노래하는 거 보면 즐거울까? 그리고 막상 다들 안 한다고 하면 어째..."

"에이~ 회사 공식행사인데 그렇게 발뺌하면 안 되죠. 항상 회사 일을 내 일처럼 생각하라고 하신 분들 아닌가요?"

한근녹 팀장은 젊은 조직문화를 세우고 직원들이 진심으로 즐길 수 있는 행사가 되려면 이런 방식이 괜찮겠다는 생각이 들었다.

"행사 참여시 가장 스트레스 받는 부분은?"

항목	비율
주말 시간을 회사 행사로 써야 할 때	60.9%
상사가 부서 대표로 장기자랑을 준비하라고 할 때	28.7%
예외 없이 출석 체크를 할 때	23.6%
술을 마시라고 강요할 때	20.6%

잡코리아

"좋아 그렇게 해보자구~ 대표님부터 꼭 참가하시라고 해야겠는걸!"

"네, 그건 제가 책임지고 성사시키겠습니다."

이정원 과장이 자신 있다는 듯 싱긋 웃으며 말했다.

- 우여곡절의 행사 준비 -

최공무 과장은 행사준비 담당자로 동분서주했다. 장소섭외부터 MC섭외는 물론 임원과 팀장들에게 '마미트롯' 참가 독려 등 할 일이 산더미였다. 행사일인 11월 28일 토요일까지 한 달 남짓 밖에 남지 않았다. 시간이 여러모로 촉박했다. 그야말로 발바닥에 땀나도록 뛰어다닌 덕에 얼추 사전에 꼭 필요한 준비는 마쳤다.

근데 생각지도 못한 곳에서 문제가 터져 나왔다. 일부 직원들이 토요일에 행사를 하는 것에 불만을 표시했다. 만약 토요일에 행사를 할 거면 회사공식행사이므로 이를 근로시간으로 인정해서 연장근로수당을 지급하라는 것이었다. 이에 해당 직원들이 속한 몇몇 팀장들이 말도 안 되는 소리하지 말라고 야멸차게 요구를 무시했다. 결국 직원만족협의회 근로자위원들이 임시회의를 요청하는 지경에 이르렀다. 사용자 또는 근로자위원 과반수의 요청이 있을 때 임시회의를 실시토록 정한 규정에 의해 직원만족협의회가 개최되었다. 행사가 한 달도 채 남지 않은 시점이었다.

"안녕하십니까? 오늘 근로자위원 4명 전원의 회의요청에 의해 직원 행사 관련한 임시회의를 시행하게 되었습니다. 근로자위원께서는 요구사항을 말씀해 주시기 바랍니다."

노사 양측이 모두 갑작스런 이슈발생으로 기분이 좋지 않은 상황이 었기에 한근녹 팀장은 인사말을 생략하고 바로 본론으로 들어갔다.

"네, 먼저 직원들의 스트레스 해소와 단합을 위해 직원행복행사를 마련해 주신 대표님께 감사의 말씀을 드립니다. 근데 이런 좋은 취지와 다르게 행사가 토요일에 진행되는 점에 대한 아쉬움이 있습니다. 우리 회사는 취업규칙과 근로계약서에도 명시되어 있듯이 월에서 금까지 주 5일 40시간을 근무하는 사업장입니다. 그러므로 토요일은 엄연히 근로 의무가 없는 날입니다. 이런 휴무일에 행사를 한다면 당연히 그 시간만큼 임금을 추가로 지급해야 한다고 생각합니다. 주 40시간을 넘기 때문에 연장근로에 따른 가산금도 지급해야 하고요. 이건 저희가 무리한 주장을 하는 게 아니라 법적으로 당연한 의무입니다."

감성준 조장이 준비된 발언을 끝마치자, 회사에서 노동법에 대한 지식이 가장 높은 이정원 과장이 나섰다.

"위원님, 지금 위원님께서 잘못 생각하고 계신 점이 있습니다. 먼저, 직원간의 단합이나 친목도모 목적으로 행해지는 행사, 워크숍, 회식 등은 근로시간으로 인정되지 않습니다. 이는 노동부에서 발간한 〈근로시간 판단기준 설명자료〉에도 명확히 나와 있습니다. 판례도 '체육대회의 전반적인 과정이 사업주의 지배·관리를 받는 상태에 있다고 볼 수 없을 경우, 이는 업무에 기인한 부상이 아니다'고 판시해서 사업주 지휘·감독 하에서 업무와 관련된 행동을 하는 시간만이 근로시간이라고 판단하고 있습니다."

이정원 과장이 노동부 자료와 판례까지 언급하며 또박또박 주장하자, 근로자위원들이 술렁대기 시작했다.

"아니, 솔직히 회사가 전 직원 행사를 하는데 참석 안 할 사람이 어디 있습니까? 그리고 그런 자리 가면 다 회사사람들 끼리 있는데 당연히 업무 얘기 하게 되고 술 한 잔 마시면 업무 태도나 실적 가지고 지적도 하고 그렇게 되지 않습니까?"

이번엔 장승준 대표가 직접 나섰다.

필수 노무 상식 바로 알기

- 근로시간 판단 기준
  - 사용자의 지휘·감독 아래 종속되어 있는 시간을 말함.
  - 대기시간도 근로자가 휴게실 등에서 자유롭게 활용할 수 없고 언제 업무지시를 받을지 모르는 상태이면 근로시간에 해당함.
  - 교육시간, 접대 등은 참석이 의무화되고 불참시 불이익을 주는 경우에는 근로시간으로 인정됨.
  - 출장과 관련해서는 통상 필요한 시간을 근로자대표와 서면합의를 통해 정하는 것이 바람직함(예: 해외출장 시 비행시간, 출입국 수속시간, 이동시간 등).

"오랜만에 다 같이 모여서 평소에 잘 못 보던 본사와 공장사람들 간에 담소도 나누고 즐거운 추억도 만들려고 했던 건데... 이렇게 새로운 갈등이 생길 줄은 몰랐습니다. 저도 개인적으로 이런 행사까지 업무로 인정할 수는 없다고 생각합니다. 하지만 어쨌든 개인적인 주말시간을 뺏는 건 행사취지에 안 맞으니까요! 행사일을 11월 28일이 아닌 하루 앞당겨 금요일인 27일에 하도록 하겠습니다. 그럼 문제없는 거죠?"

"네, 그렇게 하시죠. 알겠습니다."

이렇게 장승준 대표의 행사일 변경 결정으로 직원만족협의회 임시회의가 생각보다 싱겁게 끝나고 이제는 본격적인 행사준비에 돌입하게 되었다.

최공무 과장은 먼저 행사품의를 올렸고 한근녹 팀장은 언제나처럼 대략적인 내용만 쓰~윽 보고는 결재를 했다. 그리고 최종결재만 남은 상황에서 갑자기 장승준 대표가 한근녹 팀장을 호출했다.

"네, 대표님. 부르셨습니까?"

"팀장님. 다름이 아니라 이번 행사 품의서 보셨죠?"

"장소도 적당하고 MC나 케이터링 업체도 다 괜찮은 곳으로 잘 섭외했습니다."

"내용에는 문제가 없는데요. 비용도 체크하셨나요?"

"네. 다해서 3백만 원인데요. 좀 비싸죠? 다시 섭외할까요?"

"아니요, 단위 보셨냐고요?"

"단... 단위요?"

단위라는 말에 뭔가 쎄~한 느낌을 받은 한근녹 팀장이 장승준 대표의 컴퓨터 앞으로 가서 품의서를 다시 보니, '원'으로 적혀있어야 할 곳에 '천 원'이라고 적혀 있었다.

"아이고, 이거 큰 실수를 했네요! 아휴 죄송합니다. 지금 당장 수정해서 다시 올리도록 하겠습니다."

"이렇게 기획을 열심히 하고도 이런 작은 실수하나 때문에 그 공이 다 날아가면 되겠습니까? 주의시키세요!"

민망함에 얼굴이 붉어진 한근녹 팀장이 팀으로 돌아오자마자 최공무 과장을 큰소리로 불렀다.

"최 과장 어딨어? 당장 들어오라고 해!"

이번에 섭외한 행사MC와 미팅 중이던 최공무 과장이 서둘러 미팅을 마치고 올라왔다.

"네, 부르셨어요? 품의 결재 났나요?"

"품의? 품의 같은 소리하네~ 이걸 품의라고 썼어?"

"네? 아니 무슨 말씀이세요?"

"야, 행사비용이 30억 원이면 뭐, 회사 팔아서 행사하자는 거야? 아나 진짜 대표님 앞에서 쪽 팔려서 진짜."

무슨 영문인지 몰라 품의서를 확인하던 최공무 과장이 '(단위: 천원)'이라고 쓰여 있는 것을 보고는 아연실색했다.

"어휴, 제가 지난 번 레이아웃 공사 품의서를 그대로 가져와서 수정하다 보니까... 죄송합니다. 바로 수정하겠습니다."

"내가 안타까워서 그래. 이런 작은 실수로 욕먹으면 그 동안 고생한 게 다 빛을 바래잖아! 얼마나 속상해~ 좀 꼼꼼히 하자 꼼꼼히! 응?"

한근녹 팀장도 누구보다 최공무 과장이 인정받기를 바라기 때문에 이런 실수로 인해 '문서작성 못하는 직원'으로 낙인 찍힐까봐 두려웠다.

"네, 앞으로는 더 주의하겠습니다."

풀이 잔뜩 죽은 최공무 과장이 전투에서 돌아온 패잔병처럼 발을 질질 끌다시피 하며 자리로 돌아와 잘못 쓴 품의서를 수정했다.

같은 시각 각 본부에서는 '마미트롯' 출전자격을 보고 비상회의가 진행 중에 있었다.

"아니, 이런 건 당연히 팀 막내들이 재롱부리는 거 보는 맛에 하는 거 아니야? 무슨 팀장 이상이 출전자격이야? 게다가 대표님도 출전하신다고? 아~ 그럼 안 나갈 수도 없는 거 아냐? 이 나이에 내가 춤추고 노래하리?"

엄진근 본부장이 발끈하자, 영업팀장인 김익돈 팀장이 그를 부추기며 나섰다.

"에이~ 본부장님 노래 잘 하시잖아요~ 게다가 트롯이면 본부장님이 제일 자신 있는 장르 아닌가요? 수 십 년 간 영업필드에서 갈고 닦은 실력을 제대로 발휘할 수 있는 기회 인데요! 본부장님 18번 있으시잖아요. 남진의 '둥지' 이런 회사행사에는 무조건 신나는 게 최고죠!"

김익돈 팀장의 아부 섞인 칭찬에 엄진근 본부장이 새롭게 각오를 다지는 순간, 상품개발팀장인 Seri강 팀장이 찬물을 끼얹었다.

"저는 이런 거 안 하는 거 아시죠? 저는 원래 남 앞에서 노래하고 이런 거 질색이에요. 거기다 트롯? Oh my God, 저는 올드팝도 안 듣는 사람이에요."

어차피 Seri강이 나가리라고는 기대도 안했던 터라 크게 실망할 것도 없었다.

"이왕 나갈 거 우승해야지! 출전은 김 팀장 하고 나밖에 없을 거 같으니까 준비 단단히 하자고! 뭔가 임팩트가 필요한데...그래! 출전자격이 팀장 이상인거지 팀원은 무대에도 올라오지 말라고는 안했잖아?"

엄진근 본부장에게 무슨 꿍꿍이가 있는 건지 궁금해진 김익돈 팀장이 물었다.

"네? 그럼 무슨 좋은 아이디어라도 있으세요?"

"백댄서!! 팀원들 중에 춤 좀 추는 애들 아니다 백댄서가 너무 튀면 스포트라이트가 다 거기로 가니까 그러지 말고 팀원 다 올려서 단체 백댄서로 가자고!"

어떤 상황에서도 꼰대 기질을 발휘하는 엄진근 본부장은 이번에도 기대를 저버리지 않았다.

직원들 사이에서도 '마미트롯' 대회는 화제의 중심에 있었다. '대표님이 노래하는 모습은 상상이 안 간다', '본부장님들이 노래할 때는 웃음이 날 거 같다', '참가자 중에 안호근 품질팀장이 제일 젊은데 기대가 된다'는 등 참가자에 대한 얘기부터 '상품은 몇 등까지 주는거냐?', '심사위원은 누구냐?'는 등 순위결정에 대한 얘기까지 점심시간이나 휴식시간을 이용해 삼삼오오 모여 이야기꽃을 피우고 있었다.

하지만, 최고의 관심사는 단연 상품추첨이었다. '1등 상품이 무엇이
냐?', '상품이 총 몇 개냐?', '혹시 회사제품 주는 건 아니냐!'는 등 상품
내용에 대한 얘기는 물론, '추첨권은 1인당 1개냐?', '업무 때문에 참석
못한 사람은 대리 추첨하게 해줘야 하는 거 아니냐!', '잠깐 화장실 간
사이에 추첨하면 어떡하냐?'는 등 추첨방법에 대한 얘기까지 그 어느
때보다 집중해서 열띤 토론을 벌였다. 이렇게 많은 관심 속에 하루하루
가 지나고 마침내 행사당일이 되었다.

– 마미홈 직원행복행사 : 마미트롯 –

최공무 과장은 어제 설치한 이동식 무대와 플래카드를 꼼꼼히 살폈다. 행사품의서 오타로 인해 한바탕 곤욕을 치른 상황이라 실수가 없도록 그 어느 때보다 디테일에 신경을 썼다.

"세 1회 '마미홈 직원행복행사'에 오신 여러분을 환영합니다!" 플래카드 내용을 한 글자 한 글자 체크하고 무대를 확인했다. 행사MC 도착 시간까지 확인 하고 한숨 돌릴 즈음 케이터링 업체에서 전화가 왔다. 행사장으로 오던 중 사고가 날 뻔했는데 급제동을 거는 바람에 뒤에 있던 음식들이 1/3정도 쏟아졌다는 것이다. 행사시간 전까지 도착하기 어렵다는 연락에 최공무 과장은 머리를 감싸 쥐고 고민에 빠졌다. 그때 한근녹 팀장이 다가왔다.

"최 과장, 왜 그래? 무슨 일이야?"

상황을 설명하자 의외로 한근녹 팀장이 손쉽게 해결책을 내놨다.

"에이~ 난 또 뭐라고. 행사 순서만 조금 바꾸면 되지 뭐! 원래 오후 6시부터 저녁 먹고 오후 7시부터 공연하기로 한 거잖아! 그걸 바꿔서 공연부터 하고 7시부터 식사하는 거로 하자구! 그 때까지는 도착하겠지."

케이터링 업체는 오후 6시 30분까지 다시 오기로 하고 저녁 식사는 오후 7시에 하는 걸로 조정을 했다.

경영지원팀 직원들이 하나 둘 도착을 해서 최공무 과장의 지시에 따라 행사장 안내표지 부착, 테이블 세팅, 자리배치도 부착, 명찰 진열,

참석자 명단 리스트 체크 등 사전준비를 착착 해나갔다. 행사시간 10분 전이 되자 본사 직원들은 물론, 공장에서 올라 온 직원들도 자리를 채우기 시작했다. 대부분 들어오며 '장소가 고급스럽고 좋다', '준비하느라 수고 많았다' 등 칭찬과 격려의 말을 아끼지 않았다. 하지만 어느 조직에나 그렇듯 말 한마디로 상처를 주는 사람이 꼭 한 명씩은 있었다. 누가 시킨 것도 아닌데 마미홈에서는 Seri강 팀장이 그 역할을 자처했다.

"최 과장님! 여기 3성급이던데 너무 급이 낮은 거 아니에요? 교통도 불편하고. 음식은 또 호텔음식도 아니고 외부 케이터링 업체 주문했다면서요? 요새 잘나가는 회사들은 최고급 호텔에서 호텔뷔페 먹으면서 행사한다던데! 쯧쯧."

'쯧쯧?' 최공무 과장은 기가 막혔지만 준비에 좀 더 신경을 쓰기 위해서 자리를 옮겼다. 8인석의 원탁에 팀별로 자리가 정해져 있었고 행사장 문 밖에 부착된 자리배치표를 보고 제 자리를 찾아가다 보니 모두 자리에 앉는데 까지 다소 시간이 걸렸다.

행사시간인 오후 5시 30분을 조금 넘겨 사람들이 대부분 자리에 앉자, 한근녹 팀장이 마이크를 잡고 행사시작을 알렸다.

"안녕하십니까? 경영지원팀 한근녹 팀장입니다. 제 1회 마미홈 직원 행복행사에 참석해 주셔서 감사합니다. 특히 멀리 천안에서 올라오신 생산본부장님과 직원들께 감사의 말씀을 드립니다. 먼저 대표님의 인사말씀을 들어보도록 하겠습니다."

장승준 대표는 마이크를 잡고 직원 한 사람 한 사람과 눈을 마주치면서 말을 시작했다.

"저는 항상 '어떻게 하면 우리 직원들이 아침에 일어났을 때 출근하는 게 설레일까', '금요일이 아닌 월요일이 기다려질 수는 없는 걸까'를 고민합니다. 이와 같은 취지로 마미홈 직원행복행사를 마련했습니다. 이렇게 한자리에 모여 주셔서 감사합니다. 오늘 마미홈 직원 모두가 진심으로 행복한 시간이 됐으면 합니다."

이후 마미홈의 지금까지의 발전과정과 앞으로의 계획 등에 대한 간단한 영상을 감상한 후 우수사원에 대한 시상이 이어졌다. 팀별로 1명씩 추천을 받아 대표이사와 본부장으로 구성된 심의위원회를 거쳐 최종 확정된 3명의 우수사원에 대한 시상을 마친 후, 드디어 메인 이벤트인 '마미트롯' 행사가 시작되었다. 마이크를 넘겨받은 전문MC가 흥을 돋우며 즐겁게 행사를 이끌어 갔다.

"자~ 오래 기다리셨습니다!!! 드디어 아기다리~ 고기다리던~ '마미트롯 선발대회'를 시작하겠습니다."

MC는 넌센스 퀴즈를 내서 맞힌 사람들에게 회사에서 준비한 문화상품권을 맘껏 뿌리며 분위기를 끌어올렸다. 그리고 드디어 첫 번째 출연자가 소개되었다.

"자~ 드디어 첫 번째 출연자 입니다. 큰 박수로 맞아주시기 바랍니다. 먹방 대세 개그맨 김! 준! 현!....과 몸무게가 똑 같은 엄! 진! 근! 본부장님입니다."

와~ 함성소리와 함께 엄진근 본부장이 빨간색 반짝이 옷을 입고 머리에는 선글라스를 얹은 모습으로 등장했다. 엄진근 본부장이 무대에 오르자 남진의 '둥지'가 신나는 반주와 함께 흘러나왔다. 전주가 끝나갈 때쯤 갑자기 맨 왼쪽에 일렬로 앉아 함성을 외치던 사람들이 단체로 일어나 무대 위로 올라왔다. 팀장을 비롯한 영업팀 12명 중 업무 때문에 참석 못한 2명을 제외한 10명이 노란색 반짝이 조끼와 하얀색 테두리의 하트모양 선글라스를 낀 채 엄진근 본부장의 둥지노래에 맞추어 단체 백댄서를 이루었다. 이를 보자 관객석 여기저기서 웃음과 야유가 섞여 나왔다.

"에이~ 저건 반칙이지!"

"팀원들을 다 동원하는 게 어디 있어요?"

등의 장난기 어린 야유는 곧 어설픈 군무로 인해 터져 나온 웃음소리에 묻혀 버리고 말았다. 짧은 연습기간 때문인지, 강제로 끌려 나와 의욕이 떨어져서인지 몇 명은 다른 사람들과 반대방향으로 손을 뻗어 옆사람의 머리를 손으로 치기도 하고 한 박자 늦게 돌아서기도 했다. 결국 노래가 끝났을 때 엄진근 본부장 혼자 무대 뒤를 향해 손을 들고 있는 모습에 관객들의 박장대소가 터졌다.

이어서 행사 분위기와 안 맞게 문현식 팀장이 갈색 트렌치 코트에 클래식한 중절모까지 쓰고 나와 혼자만의 분위기에 취해 반 박자 느리게 최백호의 '내 마음 갈 곳을 잃어'를 불렀다. 관객들은 집중력을 잃었고 결국 전체적인 분위기도 가라앉았다. 때마침 세팅을 시작한 출장뷔페 음식 냄새가 솔솔 풍겼다. 슬슬 배가 고파진 직원들의 관심은 어느새 공연보다 음식에 쏠렸다.

그때 기대를 한 몸에 받고 있는 안호근 품질팀장의 차례가 되었다. 팀장 중 유일한 30대일 뿐만 아니라, 평소에는 조용한 스타일 이지만 같이 노래방에 가면 반전 매력을 뽐내는 캐릭터다. 오죽하면 안호근 팀장과 노래방을 안 가본 사람은 있어도 한 번만 같이 가 본 사람은 없을 정도로 중독성 있는 흥과 끼를 가졌다.

그가 무대에 오르자 기대감에 관객석이 조용해 졌다. 적막을 깨고 빠른 비트의 전주가 흘러나오자 관객석에서 환호가 터져 나왔다. 안호근 팀장의 선곡은 다름 아닌 요즘 최고의 인기를 구가하고 있는 영탁의 '찐이야' 였다. "찐 찐 찐 찐 찐이야~ 완전 찐이야~ 진짜가 나타났다 지금! 짜라라라라라라~" 노래가 시작되자 영탁 특유의 쫙쫙 뻗는 빨래줄 창법을 그대로 소화해 내는 안호근 팀장의 목소리만으로도 환호를 자아내기에 충분했지만, 거기서 끝이 아니었다. 빠른 비트에 맞추어 영탁의 댄스도 그대로 따라했다. 거기다 노래가 1절이 끝나고 간주에 들어가자 무대에서 내려와 대표님께 인사를 하고 관객들 속으로 들어가 같이 춤을 추고 마이크도 넘기면서 분위기를 압도했다. 몇몇 직원들은 흥을 주체 못하고 일어나 막춤을 추며 분위기를 띄우는데 동참했다. 다시 무대로 올라온 안호근 팀장은 마지막 고음부분 '찐하게~'에서 가창력을 폭발시키며 좌중을 압도했다. 안호근 팀장의 무대가 워낙 임팩트가 컸던 탓에 그 이후 출연자들의 무대는 순식간에 지나간 듯 느껴졌다.

신나게 공연을 즐기고 나니 어느새 식사시간이 시작되었다. 어느 누구 할 것 없이 빠른 속도로 나가 줄을 섰다. 장승준 대표는 그 모습을 보며 과거 회사 다닐 때 직급 순으로 줄을 섰던 기억이 떠올랐다. 그래도 마미홈 조직문화는 군대식 같지 않아서 다행이라는 생각이 들었다. 식사를 하는 도중 MC가 관객인 직원들이 투표한 마미트롯 결과를 들고 무대에 올랐다.

"드디어 마미트롯 투표 결과가 나왔습니다. 두구두구두구두구두구~ 3등은 '땡벌'을 부르신 이진구 본부장님!! 2등은 '무조건'을 부르신 이승식 팀장님!! 대망의 1등은'찐이야'를 부르신 안! 호! 근! 팀장님!!"

1등은 누가 봐도 인정할 만했다 하지만 2, 3등은 다소 논란의 여지가 있었다. 사실 반응은 엄진근 본부장의 '둥지'가 두 번째로 좋았지만, MC는 팀원들 동원을 규칙위반으로 인정해 탈락시켰던 것이다.

"에이~ 뭐야 순수하게 인기 순으로 가야지~ 난 인정 못해! 막내야 가서 음식 좀 떠와라~ 고기 위주로다가!"

엄진근 본부장의 지시에 영업본부 막내인 상품개발팀 디자이너가 음식을 가지러 일어났다. 그 때 마침 테이블 옆을 지나던 Seri강 팀장이 발끈하며 막내를 막아섰다.

"본부장님! 지금 뭐하시는 거예요? 아니 본인 드실 음식을 왜 직원에게 시키세요? 이 친구 디자인 하러 온 사람이지 상사 음식 떠다 주려고 회사 들어온 거 아니거든요?"

역시~ Seri강 팀장이었다. 그녀의 까칠함은 가끔씩 팀원들을 보호하는 데도 활용되었다.

"어? 나도 아까 줄 서서 타다 먹었어~ 지금 줄도 없고 하니까 고기 몇 점 떠오라는 건데… 별 걸 가지고 다 그러네. 알았어, 알았어. 관둬~ 내가 갈게."

엄진근 본부장도 Seri강 팀장이 쉽게 물러나지 않을 스타일인 걸 알기에 본인이 한 발 물러서는 게 상책이라고 생각했다.

식사시간이 끝나고 마지막 순서로 모두가 애타게 기다리던 상품추첨 시간이 되었다. 사람들이 일제히 상품이 쌓여 있는 곳을 응시했다. 상품들은 크기별로 제일 큰 상품부터 제일 작은 상품까지 순서대로 쌓여 있었다.

"자, 식사들 마치셨죠? 드디어 마지막 순서인 상품추첨 시간이 돌아왔습니다~ 품에 한아름 상품을 안고 집으로 돌아가실 수 있기를 바라면서! 첫 번째 추첨자인 한근녹 팀장님을 무대로 모시겠습니다."

한근녹 팀장은 둥그런 추첨통에 손을 넣어 휘휘 저은 다음 번호표를 한 장 꺼냈다. 번호표를 건네 받은 MC는 큰 소리로 당첨 번호를 외쳤다.

"자~ 번호는 총 10번부터 99번까지 있습니다. 이번 당첨번호는 바로~~~~~~~ 27번!" 복면가왕의 MC인 김성주 톤으로 '바로~~~~~~~~~~'를 외친 후 번호를 발표하자 27번의 추첨권을 가진 직원이 "와!" 외마디 비명과 함께 주위의 박수를 받으며 앞으로 뛰어 나왔다.

"자~ 어디서 근무하시는 누구신지 간단히 자기소개 부탁드립니다."

"네! 물류팀에 근무하는 정진옥 대리입니다. 감사합니다."

MC는 한 가지 미션을 요청했다.

"자~ 평소에 이런 상품 자주 타세요?"

"아니요."

"그럼 엄마 나 계탔어! 한 번 외치고 들어가시기 바랍니다."

"엄마~ 나 계탔어! 사랑해~."

기쁜 마음에 추가 애드립까지 더한 첫 번째 당첨자가 들어가고 이어서 같은 방식으로 추첨이 이어졌다. 그리고 누가 봐도 제일 크고 고가로 추정되는 상품만이 남았다. 추첨자인 장승준 대표가 나오자 모두들 침을 꿀꺽 삼키며 추첨함을 바라봤다. 지금까지 보다 더 여러 번 손을 휘휘 저은 다음 마침내 번호표를 꺼내 들고 MC에게 넘겼다.

"자~ 드디어 최고의 상품을 받으실 당첨자가 나왔습니다. 두구두구 두구두구~ 제가 먼저 살짝 보겠습니다. 와~ 끝번호가 8입니다. 8."

여기저기서 환호와 탄성이 터져 나왔다.

"앞자리는 5보다 큰 수입니다."

MC가 자꾸만 뜸을 들이자 관객들은 더 초조해 했다.

"자 이제 발표하겠습니다. 마지막 당첨번호는 바로 88번!"

우와 큰 환호를 받으며 한 여성 직원이 뛰어 나왔다.

"자 축하드립니다. 어디서 근무하시는 누구신가요?"

"네, 회계팀에 근무하는 김성애 차장입니다."

회사의 몇 명 안 되는 기혼 여직원이었다.

"자~ 상품이 뭘까요? 궁금하시죠? 자 포장을 뜯어보겠습니다!"

MC가 큰 상자의 포장지를 뜯어내자 짜잔~ 최신형 무선 청소기가 럭셔리한 모습을 드러냈다.

"와~ 감사합니다. 대표님! 제 최고의 날이네요~."

장승준 대표가 상품을 전달하자, 김성애 차장이 감사함에 몸 둘 바를 몰라했다. 장승준 대표도 상품이 제 주인을 만난 것 같아 기분이 좋았다. 상품추첨까지 모두 마치고 드디어 직원행복행사를 마칠 시간이 되었다.

"자~ 모두들 즐거우셨나요? 지금까지 재밌게 진행을 해 주신 MC에게 큰 박수 부탁드립니다. 이제 대표님의 폐회사를 끝으로 모든 행사를 마치도록 하겠습니다."

한근녹 팀장이 정리 멘트를 하고 나자 장승준 대표가 마이크를 건네받았다.

"마미홈 직원 여러분! 무사히 즐겁게 행사를 즐겨주셔서 감사합니다! 제가 제일 좋아하는 클래식 음악이 있는데요, 바로 드보르작의 '신세계로부터'라는 교향곡 입니다. 이 곡은 체코 출신인 드보르작이 미국에 건너와 새로운 세계에 도전하는 설렘과 두려움을 표현한 곡입니다. 제가 처음 마미홈을 창업할 때 마음이 이러했습니다. '따란~따란~따란따란따란따란' 영화 〈죠스〉에서 상어가 무시무시한 이빨을 드러내기 직전에 나오는 이 곡의 4악장 도입부처럼 회사 문을 박차고 나와 창업할 때는 두려움이 가득했습니다. 그런데 이렇게 7년이 지나고 나서 회사가 안정기에 들어서자 4악장 클라이맥스처럼 설렘과 벅참으로 가득합니다. 고맙습니다. 모두 여기 계신 여러분 덕분입니다. 여러분은 더할 나위 없이 훌륭한 마미홈의 직원입니다."

세련된 조직문화 만들기

12

야근하면 일 못하는 사람이라고요?!

- 야근이 일상화된 사회 -

2018년부터 주 52시간 근무제가 시행되면서 뉴스에서는 근로시간 단축에 대한 내용이 심심찮게 보도되고 있다. 공공기관을 비롯한 다양한 회사들이 정시 퇴근제, 유연근무제 등 근로시간을 단축하기 위한 다양한 방법을 도입하고 있으며, 일·가정양립이 잘 이루어지는 회사들의 사례들을 소개하며 직원들의 만족도와 업무효율성이 높아지고 있다는 내용이다. 한편으로는 일부 직원들이 근태관리 어플리케이션을 이용하여 본인의 근로시간을 관리하는 신 조직문화 풍속도에 대해서도 다양한 사례와 함께 소개됐다.

　장승준 대표는 직장생활을 할 때부터 야근을 당연시 하는 문화와 야

"직장에서 보내는 시간 평균 9시간 30분"

실제 업무 시간 4시간 6분	비효율적인 업무 시간 2시간 30분	잡담, 인터넷 검색, SNS 및 메신저 1시간 54분

직장인 대상 설문 / 한국갤럽

근을 권장하는 상급자들의 태도를 이해할 수 없었다. 업무시간 동안 4~5번 씩 들락거리면서 10~20분 정도 흡연을 하고, 점심 이후에는 졸음을 쫓는 다는 핑계로 커피를 들고 20~30분 씩 수다를 떤다. 그런 행동을 하는 이유는 간단하다. '어차피 오후 7~8시에 퇴근할 텐데 뭐 하러 낮에 죽어라 일하냐?'는 것이다. 팀장들은 마치 약속이라도 한 듯 퇴근시간인 오후 6시가 되면 하나같이 자리로 돌아와 앉아 있다. 그런 사람들 중에 퇴근 시간을 얼마 남기지 않고 회의를 시작하거나 일거리를 주면서 내일 오전 중으로 자료를 완성하라고 지시를 하는 야근유발러(?)들이 있는 것이다.

장승준 대표는 '야근 없는 회사'를 만들고 싶었지만 창업을 하고 보니 스스로도 야근이 일상화 돼 있었다. 직원들이 몇 시에 퇴근하는지 챙길 겨를이 없었다. 최근에 임은정 과장이 퇴사하면서 본인의 업무량과 야근이 많다는 불만을 제기했을 때 뒤늦은 후회를 했다. 하루하루 매출과 수익창출에 몰입되다 보니 '직원들의 워라밸(Work & Life Balance)'을 뒷전으로 미룬 것이다. 지금부터라도 일할 때 일하고, 놀 땐 노는 세련된 직장을 만들어보자는 각오를 다졌다.

"좋은 일자리, 무엇으로 판단하십니까?"

항목	비율
일과 삶의 균형이 맞춰지는 곳	58.9%
급여/성과급 등 금전적으로 만족스러운 곳	51.0%
복지제도가 잘 되어 있는 곳	38.4%
회사 분위기가 수평적이고 자유로운 곳	17.7%
기업 및 개인의 발전 가능성이 높은 곳	10.9%
정년 보장 등 오래 일할 수 있는 곳	10.8%
기업 네임벨류가 높은 곳	1.8%
사회적 가치실현이 가능한 곳	1.4%

성인 남녀 2,927명 조사(복수응답) / 청년정책 & 잡코리아

- 세련된 회사문화 만들기 -

장승준 대표는 한근녹 팀장과 이정원 과장을 불러 같이 '마미홈 세련된 회사문화 만들기 프로젝트'를 제안했다. 마침 한근녹 팀장과 이정원 과장도 시대에 맞는 조직문화 개선이 필요하다고 느끼고 있었다. 회의 결과 프로젝트는 총 3가지 미션으로 정리되었다.

1. 야근 없는 회사 만들기(부제 : 야근을 많은 하는 직원은 일 못하는 직원이다)
2. 서로를 존중하는 문화 만들기(부제 : 막말하는 상사는 회사를 망친다)
3. 친목을 강요하지 않는 문화 만들기(부제 : 회사동료는 가족이 아니다)

구체적인 세부 플랜을 만들기 위해 장승준 대표는 본부장들과 경영

지원팀장, 인사과장으로 구성된 TFT를 만들어 매주 회의를 하기로 했다. 언택트 시대에 맞추어 회의는 화상으로 진행했다.

프로젝트 미션 1
- 야근 없는 회사 만들기 -

"자~ 다 들어오셨나요?"

마미홈의 첫 화상 회의를 위해서 노트북 앞에 앉은 이정원 과장은 고개를 푹 숙였다. 화상 회의실에는 자신과 한근녹 팀장밖에 없었다. 사람 대신 노트북을 보면서 회의를 하려고 하니 여기저기서 우스꽝스러운 장면이 연출되었다. 장승준 대표는 회의에는 들어왔지만 마이크가 없는 이어폰을 낀 채 반갑게 인사를 하고 있었고 영업본부장인 엄진근 본부장은 음소거가 되어 있는데 아무 소리가 안 들린다며 얼굴을 붉히고 있었다. 공장 상황은 더 심각했다. 회의시작 후 20분이 지나서야 생산본부장인 이진구 본부장이 회의에 들어왔다. 그마저도 노트북 카메라 렌즈 각도를 잘못 맞춰서 그의 코와 목만 보였다. 우여곡절 끝에 회의는 시작됐다. 장승준 대표가 '야근 없는 회사' 개선안의 취지부터 설명했다.

"이 본부장님~ 솔직히 매일 야근하는 직원이 있다면 칭찬하시겠어요? 혼내시겠어요?"

"그야 당연히 '칭찬' 아닌가요? 누구보다 열심히 일한다는 증거잖아요! 주말에도 나와서 일하면 더 칭찬해야하고요. 공장에도 그런 직원들 몇 명 있어요!"

이진구 본부장은 야근 많은 공장문화를 자랑이라도 하듯이 당당하게 말했다. 이 때 엄진근 본부장이 손을 가로저으며 끼어들었다.

"이 본부장님, 요즘이 어떤 시대인데 아직도 야근, 야근 하십니까? 요새는 무조건 정시 퇴근하는 직원을 칭찬해야 돼요!!"

장승준 대표는 엄진근 본부장 답변이 평소답지 않아 놀라서 되물었다.

"엄 본부장님 말씀이 맞습니다. 근데 왜 그렇죠? 야근하는 직원이 더 일을 많이 하는 건 사실 아닌가요?"

엄진근 본부장은 요즘 주52시간 근무와 정시퇴근, 유연근무제 등으로 근로시간 단축에 대한 말을 많이 들었다. 다만 그런 제도가 왜 필요한지는 생각해 보지 않았다.

"요즘 트렌드가 집중해서 일하고 근로시간을 단축하는 거잖습니까. 법도 주 52시간을 넘지 말라고 하는데... 솔직히 회사에 오래 붙어 있는 직원이 더 성실하고 일 잘하는 직원 아닙니까? 일을 잘하니까 더 많은 일을 시키고 야근하게 되고 그러니 당연히 칭찬해야죠!"

엄진근 본부장은 본심을 드러내고 나니 속이 시원했다.

"맞아요! 본부장님, 문제가 바로 거기에 있는 거예요. 야근을 하는 이유는 2가지입니다. 첫째는 일을 남들보다 효율적으로 못하는 거죠. 그래서 남들보다 더 시간이 오래 걸리는 거고요. 둘째는 남들보다 일을 많이 하기 때문이에요. 이건 그렇게 일을 한쪽으로 몰아준 상급자가 문제인 거죠. 달리기를 하는데 누구는 100m를 뛰고 누구는 80m를 뛰면 안 되잖아요. 그래서 중요한 건 모든 직원에게 일을 공평하게 시키고 그래도 야근을 하는 직원에 대해서는 일을 효율적으로 하는 방법을 가르쳐 줘야 한다는 거죠."

엄진근 본부장이 다시 되물었다.

"근데 그렇게 공평하게 일을 분배했다가 일을 똑바로 못해서 기한을 넘기면 회사에 피해가 갑니다. 안 그렇습니까?"

"네, 일시적으로 피해가 갈수는 있지만 그래도 원칙을 지켜야 합니다. 그리고 일을 제시간에 처리를 못하는 직원은 평가를 통해 동기부여를 해야죠! 당연히 제시간에 일할 수 있도록 코칭도 지속적으로 해야 하고요!!"

이정원 과장은 이 때다 싶어 조직문화 개선안을 설명하기 시작했다.

"개선안은 간단합니다. 본부별, 팀별, 개인별로 야근한 시간을 책정해서 취합한 후에 분기별로 대표님께 보고를 드릴 겁니다. 가장 야근시간의 합계가 높은 팀과 가장 야근시간이 많은 직원이 속한 팀의 팀장님과 해당 본부장님은 사유서를 작성해서 대표님께 제출하시고 면담을 하게 됩니다. 정당한 사유가 없을 경우 본부장님과 팀장님은 벌점을 받게 되고요. 벌점은 성과평가점수에 반영됩니다."

"아니, 그럼 결국 야근한 직원은 아무 잘못도 없고 본부장, 팀장이 다 책임지라는 거잖아? 이건 너무한데..."

본부장들이 항의 섞인 말들을 중얼거렸다. 장승준 대표가 다시 설득에 나섰다.

"본부장님~ 자녀들이 싸우면 왜 부모를 학교로 부르겠습니까? 자녀는 부모의 가르침에 따라 행동합니다. 회사는 그 부모 역할을 하는 본부장님, 팀장님들에게 책임을 지을 수밖에 없습니다. 그래야 리더들이 제대로 된 리더십을 발휘하죠."

"모든 건 결국 리더십의 문제라 이거죠? 좋아요! 이제 야근하는 직원이 없도록 분위기 자체를 바꿀게요. 대신 우리 물류팀처럼 정말 업무가 과중해서 팀원 과반수가 야근을 하는 경우에는 인원충원 해주시는 건가요?"

"물론이죠. 오히려 지금은 팀장들이 다들 일 많다고 인원 충원해 달라고 해도 근거가 없어서 들어줄 수가 없었는데, 이렇게 야근을 철저히 관리하면 업무량 측정이 명확해서 T/O관리도 가능하죠."

오히려 인원충원이 공정하게 이루어질 수 있다는 장승준 대표의 말에 본부장들은 다소 마음이 누그러졌다. 이렇게 약 1시간에 걸친 회의가 끝나고 이정원 과장은 자료를 정리해 품의서를 작성했다.

✚ **마미홈의 '야근 없는 회사' 개선안**

1. 본부별, 팀별, 개인별로 야근한 시간을 책정해서 취합한 후에 분기별로 대표이사 보고

2. 가장 야근시간의 합계가 높은 팀과 가장 야근시간이 많은 직원이 속한 팀의 팀장과 본부장은 사유서 제출 및 면담

"야근의 일상화가 앗아간 가정"

Q 부모가 자녀와 시간을 보내지 못하는 이유는?

정시 퇴근이 불가능하기 때문 — 65.2%

Q 정시 퇴근을 못하는 이유는?

일과시간에 하지 못한 업무처리 — 35.9%

야근의 일상화 — 33.5%

Q 자녀와 함께 운동, 놀이 등을 함께하는 경우가 얼마나?

주 1~2회 — 66.1%

주 3회 — 20.3%

전혀 하지 못한다. — 13.6%

초등학생 이하 자녀를 둔 직장인 부모 100명, 초등학생 이하 어린이 500명 대상 / 여성가족부

"야근 줄이기 관심 없는 기업"

Q 직장 내 야근을 금지하기 위해 만든 문화는?

없다. 88% | 있다. 12%

Q 야근 금지 문화가 잘 지켜지나?

지켜지지 않는다. 96% | 지켜진다. 4%

Q 야근 금지를 위해 도입한 제도는?

일정시간 이후 PC가 꺼지는 셧다운제

일정시간 이후 사무실이 소등되는 소등제

야근을 많이 하면 누적이 되어 인사고과에 불리하게 반영되는 시스템

일찍 퇴근하는 대신 일찍 출근하는 시스템 등

취업포털 인쿠르트

3. 정당한 사유가 없을 경우 본부장과 팀장은 벌점, 벌점은 성과평가 점수에 반영

4. 정당한 사유가 있고 일정기간 야근이 지속될 경우 해당 팀 충원진행

– 직원의 야근은 리더의 책임 –

이진구 본부장은 회의를 마치고는 팀장들을 본부장실로 불러 모았다.

"자~ 이제 직원들이 야근하면 다 우리가 책임져야 되니까 절대 야근 시키지 마, 알겠지? 야근할 사람 있으면 다 사유서 적어내라고 하고 정말 야근할 만한 일인지 철저히 체크하라고~. 참! 그리고 혹시 팀원 중 업무량이 특별히 많은 사람 있으면 업무분장 다시하고! 알겠지?"

이진구 본부장의 말에 안호근 품질팀장만 고개를 끄덕일 뿐 다른 두 팀장은 난감한 표정을 지었다. 미간을 찌푸린 채 문현식 팀장이 먼저 말문을 꺼냈다.

"본부장님, 저희는 아시다시피 교대근로가 있기 때문에 야근이 불가 피합니다. 저까지 포함해서 일근자 4명이 돌아가면서 오후 10시 오후 조가 퇴근할 때까지 남아 있으니까요. 그리고 교대근로자들도 공장이 돌아가기 때문에 한 명이 휴가라도 가면 OFF조인 사람이 나와서 대근 (대체근로)을 서야 하므로 휴일근로가 생길 수밖에 없죠."

문현식 생산팀장이 애로사항을 얘기하자, 이 때다 싶어 이승식 물류

팀장도 고충을 꺼냈다.

"본부장님, 저희는 아시다시피 공장, 아니 전사에서 제일 야근이 많은 부서입니다. 그럼 저희 팀원들은 다 설렁설렁 일하고 업무역량이 부족해서 야근하는 건가요? 저희 구매담당, 물류담당 각각 2명씩인데요 정말 2명이 할 수 있는 업무량이 아닙니다."

팀장들의 푸념 섞인 말을 듣자, 이진구 본부장은 한 편으로 이해가 가면서도 이번 기회에 관행을 깨뜨려야겠다는 생각을 했다.

"문 팀장, 나도 일근직 엔지니어들이 생산 관리한다고 오후 교대조 스케줄 끝날 때까지 대기서는 거 알고 있는데, 그거 꼭 할 필요가 있나? 이제는 교대조장한테 맡길 때도 됐잖아? 언제까지 오퍼레이터들을 못 믿고 꼭 그렇게 체크하려고 그래?"

"그럼 교대조장들에게 생산관리 총괄까지 맡기라는 말씀인가요? 그랬다가 emergency라도 발생하면 어쩌시려고요?"

"아니, 매일 생산현장에서 일하는 교대직원들을 못 믿으면 누굴 믿겠나? 당연히 우리 교대직원들이 전문가라고 생각하고 믿고 맡겨야지! 그래야 그들도 책임감을 가지고 더 안전하게 일하겠지! 두고 보라고 내 말이 맞나 틀리나!"

이진구 본부장이 업무위임에 대해 얘기하자 문현식 팀장은 마치 생산 엔지니어들의 역할이 줄어드는 것 같아 밥그릇을 뺏기는 기분이 들었다.

"아니, 그래도 저희들 역할까지 조장들에게 맡기는 건 좀..."

"아니, 엔지니어 역할이 단순히 생산관리 뿐인가? 생산효율성이 높아지도록 원가절감 방안도 마련하고 생산방식도 개선해야 하고 새로운 장비나 기계 등에 대해서도 알아봐야 하고 할 일이 얼마나 많은데 그래? 요즘 유행하는 스마트 팩토리인가 그것도 좀 구체적으로 적용점을 찾아보자고!"

이진구 본부장은 엔지니어들이 좀 더 혁신적이고 고차원적인 업무를 하길 바랐다. 본부장의 속뜻을 깨달은 문현식 팀장은 괜스레 머쓱해졌다. 이진구 본부장은 계속 말을 이어갔다.

"그리고 교대근로자들 휴일근로야 어쩔 수 없는 거니까 신경 쓰지 말라고! 일근자들 7일 중에 2일 쉴 때, 교대근로자들은 오전 2일/오후 2일/OFF 2일 해서 6일에 2일 쉬잖아~. 그러니 한 달에 한두 번 정도는 휴가자 대신 휴일근로해도 괜찮아!"

"그리고 이 팀장! 물류팀 구매, 물류담당들의 평상시 야근문제는 차

리더들이 놓치기 쉬운 HR 상식

- 근로시간과 업무량이 과연 정비례할까요?
  - 채용포털사이트의 조사에 따르면, 주 52시간제 도입이후 직장인의 약 36%가 근로시간이 단축되었다고 응답함. 반면, 인원이 충원되었거나 업무량이 줄었다는 응답은 거의 없음.
    → 업무효율성과 업무집중도가 높아졌음을 의미함.
  - 여전히 낭비되는 근로시간은 존재함.
  ∴ 야근 없는 회사문화가 열심히 일하는 문화를 만든다!!!

라리 잘됐어! 이번 기회에 인원충원을 요청할 수 있는 근거가 생기는 셈이니까, 안 그래?"

100% 이해는 못했지만, 이승식 팀장은 인원충원 가능성이 높아진 거라는 이진구 본부장의 말을 믿어보기로 했다.

프로젝트 미션 2
서로를 존중하는 문화와 친목을 강요하지 않는 문화 만들기

본사에서도 '야근 없는 문화 만들기'에 대한 전파교육이 진행되었다. 엄진근 본부장으로부터 장승준대표의 '야근 없는 회사 만들기' 개선안을 팀장들에게 전파 받은 Seri강 팀장은 당연하다는 반응을 보였다.

"본부장님, 요즘 야근시키는 팀장이 어딨어요? 다 자기들이 능력이 부족해서 하는거죠!!!"

엄진근 본부장은 Seri강 팀장이 금빛이 유난이 빛나는 목걸이를 걸고 다가오자, 왠지 모를 위압감에 사로잡혔다.

"아니, 강 팀장! 그래도 우리 영업본부에서는 상품개발팀이 제일 야근이 많잖아. 그럼 결국 강 팀장하고 내가 사유서도 써야 하고 업무관리를 잘 못한 리더가 되는 거라고!"

이번에는 아무리 카리스마가 밀린다고 해도 직접적인 피해가 오는 건 막아야겠다는 생각에 엄진근 본부장도 물러서지 않았다.

"강 팀장! 지금 회사 분위기 몰라요? 이제는 더 이상 직원들 탓할 상황이 아니라고! 우리가 책임지고 직원별 업무관리도 하고 야근관리도 해야 한다고! 그게 바로 팀장의 역할이라고!"

상급자로서의 훈계인지, '제발 나도 어쩔 수 없으니 그냥 좀 따라와 줘요.'라는 하소연인지 모르겠지만, 나름 엄진근 본부장은 강 팀장에게 소신 있게 말했다. 그러자 강 팀장은 더 이상 못 들어주겠다는 듯이 지금껏 쌓아둔 말들을 그야말로 토해냈다.

"본부장님! 정말 제가 이런 말까지는 안하려고 했는데요. 지금 제 밑에 있는 직원 중에 제대로 일할 수 있는 직원이 한 명이라도 있다고 보세요?"

"그럼 팀원들한테 누가 야근을 많이 하는지, 왜 야근이 많은지 조사해서 보고하세요!"

엄진근 본부장은 나름 강하게 지시했다는 자부심에 은근히 미소를 지었다.

- Seri강 팀장의 지독한 막말 -

Seri강 팀장은 바로 팀원들을 소집했다. Seri강 팀장이 팀장인 상품개발팀은 팀장 1명, 상품기획담당 2명, 디자이너 2명으로 구성되어 있었다. 최근 디자이너였던 임은정 과장이 퇴사한 이후 디자이너들이 담당했던 출장품의 등 공통 업무는 물론, 임은정 과장이 도와주었던 상품기획의 후단업무도 모두 담당하다 보니 상품기획담당 직원들이 야근을 많이 하는 상황이었다. 하지만 그런 팀 내 전후 사정에는 전혀 관심이 없는 Seri강 팀장이었다.

"방금 본부장님한테 뭐 야근 없는 문화인가를 하라는 order를 받았어요. 그리고 만약 직원들이 야근을 하면 그건 다 팀장 책임이래요! 그게 말이 돼요? 그래서 전 여러분에게 절대로 야근하지 말라고 지금 order를 내릴 거예요."

여기까지는 그래도 직원들 입장에서 참을 만 했다.

"솔직히 여기 일이 힘든가요? 저도 정말 제 career에 안 맞게 여기서 팀장으로 일하고 있지만 여기 마미홈에는 능력 없는 사람들이 많은 거 같아요. 얼마 전에 퇴사한 임 과장도 스캔들로 곤란하니까 힘들어서 그만둔 거면서 내가 막말을 했다느니, 학벌차별을 했다느니 이상한 말을 하고 나갔는데... 정말 별 볼 일 없는 학교 나온 사람이 일도 못하면서 그렇게 핑계대고 난리치는 거 아니냐고요?!"

여기까지도 이를 악물고 참았다. 직원들이 인내심을 다한 건 그 다음.

"정말, 수준 안 맞는 사람들하고 같이 일 못하겠네. 뭐 커뮤니케이션이 돼야 일을 하든지 말든지 할 거 아냐. 명문대가 괜히 명문대가 아냐. 진짜 수준 차이 나서 일 못해 먹겠네!"

Ser강 팀장의 말에 이건 아니다 싶어 상품기획담당 윤 대리가 발끈하고 나섰다.

"팀장님! 말씀이 지나치십니다. 방금 하신 말씀 학벌로 차별하고 인격을 무시하시는 겁니다."

Seri강 팀장은 저 아래로 보던 직원들의 반발에 적잖게 당황했다.

"아니, 당연히 수준차이가 있어서 그렇다고 팩트를 얘기한 것뿐인데

"직장 내 최악의 폭언"

항목	비율
인격 모독적인 말 (예 : 니 머리는 돌이냐? 장식품이야?)	29.3%
무시하고 깔보는 듯한 호통 (예 : 개뿔도 모르면서 어디서 아는 척이야?)	24.8%
노력을 비하하는 말 (예 : 이걸 일이라고 한 거야?)	22.3%
욕설, 비속어 (예 : 야! 이 건방진 새끼야. 이 새끼는 기본이 안 돼 있어.)	9.6%
성희롱 (예 : 여자가 따라주는 술이 잘 넘어가지.)	4.5%

직장인 1,008명 대상(복수응답) / 취업포털 사람인

"부당한 일을 당해도 참는 이유는?"

항목	비율
괜히 일을 크게 만들고 싶지 않다.	60.3%
계약 취소 등 불이익을 당할 것 같다.	40.2%
나뿐만 아니라 다들 참고 있다.	33.2%
어느 정도 당연한 일로 생각한다.	13.4%

직장인 734명 대상(복수응답) / 취업포털 사람인

뭐가 문제라는 거죠? 정 억울하면 지금이라도 퇴사하고 유학 가서 미국 IVY리그에 있는 대학원 나오세요! 그럼 여러분 인생이 달라질 거예요."

때마침 한근녹 팀장이 상품개발실로 들어왔다. '세련된 회사문화 만들기' 설명회 안내 차 들른 것이다. 방금 한 Seri강 팀장의 발언은 누가 들어도 기분이 나쁜 말이었다. 팀을 이끄는 리더가 할 말은 더더욱 아니었다.

"강 팀장님! 지금이 어느 땐데 그런 학벌 얘기를 하고 그러세요. 미국에서 오신 분이 더 구시대적인 발언을 하시면 안 되죠!!!"

"네? 저는 팩트를 말한 거뿐인데요?"

Seri강 팀장은 자신의 잘못을 인정하지 않았다.

"이름 난 대학 나온 사람이 일 잘한다는 증거라도 있습니까? 그런 게 다 직장 내 괴롭힘이라고요! 이따 오후에 있을 '세련된 회사문화 만들기' 설명회에 팀장님도 꼭 들어오세요!"

– 〈세련된 회사문화 만들기〉 설명회 –

'세련된 회사문화 만들기' 설명회가 외부 강의실에서 개최되었다. 본사 직원와 공장 팀장들까지 모두 들어갈 수 있는 넉넉한 크기의 외부 강의실을 빌렸다. 모두에게 꼭 필요한 설명회이기 때문에 특별히 신경을 쓴 것이다. 장승준 대표가 마이크를 잡고 설명회를 시작했다. 보통은 경영지원팀 한근녹 팀장이나 프로젝트의 기안자인 이정원 과장이 진행을 하지만 이번 설명회는 달랐다. 장승준 대표는 직원들에게 더욱 강한 임팩트를 주고 싶었다.

"자, 바쁜 시간 내주셔서 감사드립니다. 특히 멀리 천안에서 올라와 주신 생산본부 팀장님들께 감사의 말씀을 드립니다. 이렇게 특별히 시간을 마련해 '세련된 회사문화 만들기' 설명회를 진행하는 것은 그만큼 조직문화가 회사와 직원들에게 미치는 영향이 크기 때문입니다. 안 그래? 엄진근?"

엄진근 본부장은 평소에 항상 깍듯하게 존댓말을 하던 장승준 대표가 갑자기 열 살이나 많은 자신한테 반말을 하자, 얼굴이 벌~개질 정도로 당황해서 아무 말도 못하고 의자 팔걸이만 부서져라 꽉 잡았다.

"어떠세요? 제가 대표라고 해서 이렇게 저보다 나이도 많으시고 경력도 훨씬 많으신 본부장님께 반말을 하면 본부장님 기분이 어떨까요?"

직장 내 언어문화의 중요성을 한방에 깨우치게 하기 위한 장승준 대표의 충격요법이었다.

"직장 내 괴롭힘이나 성희롱과 같은 문제들은 직원들 사이에 서로 존중하는 마음이 부족하기 때문입니다. 아무리 나이가 어리고 직급이 낮아도 다들 어엿한 성인이고 집에서는 귀한 자식들 아닙니까! 누가 내 자식에게 문서 좀 오타 냈다고 소리 지르고, 저녁 회식자리 예약 안했다고 욕하고, 심지어 좋은 대학 안 나왔다고 무시하고! 그러면 되겠습니까? 강 팀장님."

갑작스런 지목에 Seri강 팀장이 당황을 했다.

"네? 저... 저는 안 그러는데요? 왜 저를 쳐다보세요?"

장승준 대표는 태연하게 다른 직원들을 바라보면서 말을 이었다.

"말이 입힌 상처는 칼이 입힌 상처보다 깊다는 말이 있습니다. 마미홈 직원들은 서로를 존중하게 아낄 줄 아는 분들이었으면 합니다. 앞으로 회사 게시판에 옴부즈맨 창을 하나 만들 겁니다. 거기에는 막말이나 욕설을 들었다든지, 부당한 지시를 했다든지, 나이 · 학벌 · 성별 등으로 부당하게 차별을 당한 경우에 누구나 들어가서 익명으로 억울함을 호소할 수 있고 그 게시판은 제가 직접 관리하겠습니다. 사실관계를 파악하고 그런 일이 사실로 확인되면 다 평가에 반영할 거고, 삼진아웃제를 적용해서 3번 이상 가해를 한 직원은 인사위원회에 회부할 겁니다."

웃음을 섞어가며 부드럽게 이야기하던 장승준 대표가 갑자기 진지한 표정을 지으며 인사위원회까지 언급하자, 강의실 분위기가 순식간에 얼음장처럼 차가워졌다. 그 때 Seri강 팀장이 자리에서 일어나 날카로운 목소리로 질문을 던졌다.

"만약 대표님이 막말을 하시는 경우에는 어떡하죠? 대표님이 관리하시는 페이지에 글을 남길 수도 없을 텐데요!"

예상한 질문이었다. 장승준 대표는 준비한 답변을 했다.

"맞습니다. 저도 나름 조심하겠지만 저로 인해 상처받는 직원도 있을 수가 있죠. 그럴 때는 외부 어플리케이션을 이용하는 방법도 있습니다. 블라ㅇㅇ, 잡플ㅇㅇ 등 회사에 대한 평을 남길 수 있는 어플들 많이 이용하시죠? 저도 주기적으로 그런 어플들을 확인합니다. 만약 객관적인 사실로 마미홈 대표에 대한 악평이 1년에 3회 이상 올라오면 제 스스로 대표이사직을 내려놓겠습니다."

순간 강의실이 웅성웅성하는 소리로 가득 찼다.

"이 자리에서 분명히 약속드립니다. 그렇게 주기적으로 직원들에게 악행을 일삼는 대표는 더 이상 회사를 이끌어갈 자격이 없다고 생각합니다."

이번엔 이진구 본부장이 자리에서 일어났다.

"대표님, 아직 그런 일이 일어난 건 아니지만 너무 극단적인 결정입니다. 어떻게 들으실지 모르겠지만 대표라는 직함을 너무 가볍게 보시는 거 아닙니까?"

이진구 본부장의 날선 발언에 한근녹 팀장이 나섰다.

"아니, 대표직을 내려놓을 만큼 중요한 일이라는 뜻이지 대표 직함을 가볍게 보시는 거겠어요? 그렇죠. 대표님? 누군가가 악의적으로 글을 쓸 경우도 있기도 하고, 불미스러운 글이 올라오면 철저히 조사하겠지만 혹시 책임을 느끼신다면 연봉 반납 정도로 하시는 게 어떨까 합니다."

장승준 대표의 뜻은 확고했다.

"조직문화는 Top-down방식으로 개선되어야 합니다. 저는 언제까지나 마미홈 직원을 존중하고 차별하지 않을 것입니다. 이런 마음이 퇴색된다면 대표로 앉아 있을 자격이 없습니다. 제가 먼저 세련된 조직문화를 만들어 가는데 앞장설 것입니다.”

이어서 다음 주제로 이어갔다.

“하나 더! 앞으로 '친목을 강요하지 않는 문화'를 정착해 나갈 것입니다.

나는 나의 일을 하고, 당신은 당신의 일을 합니다.

내가 이 세상을 살아가는 것은

당신의 기대에 맞추기 위한 것이 아니고,

당신이 이 세상을 살아가는 것도

나의 기대에 맞추기 위한 것이 아닙니다.

나는 나이며, 당신은 당신일 뿐입니다.

어쩌다 우리가 서로를 알게 된다면 참 멋진 일이고,

만약에 그렇지 않다 해도, 어쩔 수 없는 일일 것입니다.

프리츠 펄스라는 심리학자가 쓴 게슈탈트 기도문이라는 글입니다.
이 기도문처럼 우리는 우리 각자로 온전하길 바랍니다.”

어디선가 박수소리가 들리기 시작했다. 곧 박수물결로 이어지고 강의실 전체가 박수소리와 함성으로 가득 찼다. 엄진근 본부장과 Seri강팀장이 얼떨떨한 표정으로 뒤를 돌아보았다. '세련된 회사문화 만들기' 프로젝트를 기안한 이정원 과장은 괜히 가슴이 벅차올랐다. 조직문화를 바꾸는 건 절대로 쉬운 일이 아니다. 조직원을 이끄는 리더의 강한 의지가 있어야 가능한 일이다. 그 어려운 일을 제안했고, 리더가 시작했고, 조직원이 따르고 있다.

장승준 대표는 엄진근 본부장과 이진구 본부장에게 다가가 손을 꼭 잡으며 말했다.

"지금까지와 다르게 조직을 이끌어 가는 게 쉽지 않을 겁니다. 하지만 올바른 방향을 과감하게 따라갈 줄 알아야 좋은 리더고, 좋은 조직을 만들 수 있겠죠? 힘이 돼 주시겠습니까?"

장승준 대표가 상기된 얼굴로 진심을 담아 말을 하자 본부장들도 고개를 끄덕였다.

"우리 회사를 좋은 방향으로 이끄신다는데 당연히 힘이 되어 드려야죠. 저부터 변하겠습니다. 지금부터 하겠습니다."

리더들이 놓치기 쉬운 HR 상식

- 직원들은 과연 어떤 조직문화를 원할까요?
  - **성취감을 느낄 수 있는 문화** : 자신의 업무에 대한 책임과 권한을 가지고 A~Z까지 스스로 해내도록 격려하는 문화(단순히 시키는 일 하는 건 싫어요~!!!).
  - **일한만큼 보상받는 문화** : 업무량은 공평하게! 성과에 대해선 확실한 보상(칭찬과 격려도 충분히 좋은 보상이예요^^).
  - **업무 외에는 강요하지 않는 문화** : 술, 취미, 행사 등 친목을 목적으로 한 어떠한 것도 강제하지 않는 문화(친근감은 강제로 생기지 않는다고요~!!!).